現代名著譯叢

現代性—紀登斯訪談錄

Conversations with Anthony Giddens
— Making Sense of Modernity —

Anthony Giddens & Christopher Pierson ◎ 著

尹宏毅 ◎ 譯

導論
安東尼·紀登斯的社會學

馬丁·歐布萊恩

(Martin O'Brien)

　　安東尼·紀登斯是戰後時期英國主要的社會學家之一。他的著作囊括了30多年的社會和政治變革，並且一直處於1980年代和1990年代社會學理論與實踐發展的前沿。他對經典社會學傳統的詮釋20年來一直是（而且仍然是）社會學理論方面的本科生和研究生教學內容的中流砥柱；對社會學所關心的核心問題，他那富於想像力的重新論述，對於學術辯論和知識爭論的促進作用與此等量齊觀。他是一位劃時代的社會學理論家、出版界的獨行俠和影響力與日俱增的政治哲學家。現在，從1970年代以來的第一屆工黨政府上台後的這個不確定的時期裡，他又承擔起了一項職業上的挑戰，即領導倫敦政經學院（London School of Economics and Political Sience）。在向新讀者介紹紀登

斯博大精深的思想方面，我將提綱挈領，而不是面面俱倒。我將著重介紹他的多樣著作的不同方面，以提供對他的理論和哲學思想的概覽。通過這一方式，我希望大家既認識到他的研究成果的重要性，又了解到他對社會學的改造所提出的一些至關重要的問題。在勾勒出他的研究成果主要輪廓之前，我首先評論一下紀登斯對社會學這一學科的理解。

社會學任重道遠

據紀登斯的說法，社會學是一門特殊的學科。與自然科學家不同，社會學家所尋求了解的世界已經為世人所了解。社會學的研究「對象」——人們的所說和所做、他們的信仰和欲望、他們如何構建機構和制度，以及他們如何互動——與自然科學，比如物理學、化學或生物學的研究對象不同，人們的行動和互動、他們的信仰和欲望，乃是社會學家所研究世界的一個核心特色。此外，這個世界不可被縮減為單一「正確的」涵義或解釋體系。社會學的世界包羅萬象，其特徵是相互競爭，甚至是相互矛盾的涵義、理解框架和信仰模式。當物理學家相互爭論著宇宙是否(以及為什麼)正在擴展的同時，他們所爭辯的是能量和物質之間基本物理關係單一的、獨一無二的原因和性質。當社會學家彼此爭論社會是否(和為什麼)依據階級、性別、種族或個性之間的關係而劃分的時候，他們所爭辯的是社會經驗及行動間的不同層次的複雜相互交叉。對這些社會力量當中的每一種，社會學家都必須提出不同的解釋，因為個人和社會

之間的基本關係並沒有獨一無二的原因和特性。

再舉一例，一位化學家，在尋求理解水份子結構的過程中，不必問一些氫原子是否意圖與一些氧原子結合，來形成一個水池、湖泊或者海洋。就更不用說對不同的氫原子來說，與氧原子聚集起來形成水意味著什麼。而一位社會學家所面臨的問題則恰恰是，人們做事是有動機和目的的，（在大多數情況下）他們知道自己為什麼要做自己所做的事情，他們的行為和互動的意義對他們自己來說在某種程度上是很清楚的。氫原子和氧原子並不打算生成湖泊或海洋，而人們則明確地打算結婚或離婚、住在城市或鄉村、當個勞工或雇用別人來為自己工作。雖然某些人結婚或上班可能是無奈的，但是他們結婚或上班卻不可能是無意的。因此，與自然科學不同，社會學必須尋求了解人們的意圖和目的與他們在社會中的角色之間的關係。

然而，社會學的問題進一步複雜化的是社會學家屬於他們自己所研究的世界：他們採用同樣的日常習慣來處理自己的生活，與他們共同進行有意義的行為和互動的人們以及機構與制度就是他們的研究對象。社會學家的社會存在，包括社會學家對自己研究對象的了解，不可避免地受到他所身處社會的影響。在解釋這個世界的過程中，社會學家必須利用構成這個世界的常理和在社會中根深蒂固的信念和涵義。我在前面的例子中所舉的化學家不會、也無法參考氫原子對自己的實際存在的解釋，而社會學家則必須參照人們對自己社會存在的一般解釋。社會學家首先是他所研究的世界的一員，像這個世界中每一位其他個人的解釋一樣，他所提供的解釋也是這個世界基本

特徵的部分內容。

　　因此，社會學家的任務──即解釋社會如何運行，抑或一個社會如何及為什麼以某種形式而不是另外一種形式組成──乍看下似乎是對我們大家對自己解釋世界的一般說法的轉述或者注釋。畢竟，如果人們知道自己正在做什麼和為什麼做，起碼在大多數時候，如果他們知道大了解自己日常的習慣性活動的原因和後果，則社會學家的解釋就僅僅是對解釋世界的可能說法的總數添加而已，其洞察力、嚴謹性或準確性與任何別的解釋都不相上下。然而，社會學家都做了些什麼？而使得有人懷疑，專業社會學家對世界的解釋到底有無價值？

　　紀登斯的回答是：社會學扮演了一種「雙重的解釋作用」──它既來源於日常生活的知識，又回到這種知識中去。它的命運是注定要與人們解釋世界的常識糾纏不清。紀登斯說，在社會學中廣泛研究的概念和想法──像「社會地位」、宗教和政治領導人的「領導魅力」，或者「道德恐慌」等──如今在媒體和人們的日常討論中普遍使用。社會學對離婚率、健康和疾病的分布、收入和生活方式、媒體的效應、家庭構成的狀況等等許多問題的研究成果如今是地方和全國性政策制訂過程的核心支柱。社會學知識注定會成為「大家共同的知識」，因為社會學知識就是現代社會的成員們理解和解釋這個社會運行規律的主要手段之一。社會學知識所涉及、融入和幫助改造的世界，正是它所尋求解釋和分析的世界（見紀登斯，1996年）。因此，社會學這項事業是一項至關重要的工作：它運用社會上的人們所共享的一般意義，但將其加以改造和擴展、以促進積

極性的社會變革的過程。它是對紀登斯所說的社會反身性(我在
(社會反身性或反思性，係：Social reflexivity，註：reflexivity一
般國內學者翻成反思性或反身性，下面依不同文字脈絡而交互
參用)下面將對此詳加解釋)的有意識的利用。這種能力就是對
有關社會的知識的反思性應用，以應付社會中新的情況和條件
的挑戰。這樣的表述，使這個觀念看起來簡單而吸引人。但是，
它在紀登斯的著作中出現，並且在專業社會領域的傳播，卻是
經歷了在古典，當代青商會學思想叢林中，一場漫長而艱苦的
探索才達致的。

對古典著作的整理

　　紀登斯於1960年代末開始就古典社會學理論開始著書立
說。那時，在該學科對古典理論家，特別是馬克思、韋伯和涂
爾幹著作的理解方面，所主導的是美國傳統，尤其是塔爾科特‧
帕森斯(Talcott Parsons)的著作。這一傳統不僅在詮釋古典著作
方面居於主導地位，而且在確定古典理論應該如何應用在行為
偏差者、健康和疾病、大眾媒體效應或社會整合等實際問題方
面，往往也是舉足輕重的。1960年代，紀登斯同時解決了這兩
種傾向。關於第一種傾向，他重新考慮了馬克思、韋伯、涂爾
幹和西梅爾(Simmel)的社會學。關於第二種傾向，他花費了極
大的精力來重新考慮有關自殺問題的社會學。以某種程度上而
言，選擇這個問題作為探索社會學理論的工具是有重大意義
的，它引導紀登斯有條不紊地重新估價了涂爾幹的研究成果。

涂爾幹於1897年對自殺問題的研究旨在把社會學這一新學科塑造成關於社會中一門積極的、客觀的科學的努力。它的重要性還在於，正如涂爾幹所認識到的那樣，對自殺問題的研究揭示了社會學研究的一項根本性的理論任務。這項任務就是揭露出，一門研究社會勢力、社會結構和社會行動的社會科學如何才能理解一種按照常理似乎具有很強的個人性和隱私性的事件。自殺問題重要性的第三項意義在於，在研究這一論題過程中，紀登斯被迫面對社會學界的一種具有根本性的分歧，即對一個共同問題的兩種勢不兩立的和相互排斥的研究方法——「實證主義(positivist)」方法和「現象論(phenomenological)」方法。它們標誌著占據戰後學術界的兩個截然不同的社會學(見達維[Dawe]，1970年)。

簡而言之，實證主義的做法依據涂爾幹的方法和引導，試圖顯示自殺率和各種外部因素，如城市生活的孤獨(塞恩斯伯里[Sainsbary]，1955年)，之間的客觀相互關係。而現象論的做法則依據胡塞爾(Edmund Husserl)的哲學，考察一起死亡事件如何被賦予「自殺」這一主觀涵義，是在什麼情況下賦予的，以及這樣做的後果如何。雖然實證主義觀點接受官方的自殺率數據，認為其基本上為這社會現實情況勾勒了一幅準確的圖畫，但是現象論觀點則給這種認識挖了牆角，通過顯示文化和次文化因素影響下，特定的死亡是否會被歸類為自殺，不論是官方還是非官方地這樣做(見道格拉斯[Douglas]，1967年)。就自殺問題而論，「兩種社會學」的分歧可以用兩個截然相反的問題來概括：社會學上的自殺概念僅僅相當於驗屍官等官員的官方

記錄嗎？或者，社會學的任務是探索在文化與次文化層面，人們是否透過自殺事件，而對死亡有所理解，並賦予個人的關注？

　　儘管紀登斯在這一難題上煞費苦心，但是他在社會學理論方面就自殺這一具體問題上的做法並未被社會科學界所普遍採納，其部分原因是，對自殺問題的分析從社會學的探討議程上消失了。但是，他因此而接觸到的種種問題卻一直在他的著作中得到反覆的探討。從1970年代初開始，自殺問題開始從紀登斯自己的理論議程上消失，他轉而研究起自己在與這一問題遭遇的過程中所引發的一些範圍廣泛的理論問題。特別在使涂爾幹思想的實證主義特色同胡塞爾哲學的現象論特點相交織方面，他下了不少功夫。儘管他並不是很明確，但是這種努力成為他在整個1970年代和1980年代初著作的特點。

　　1971年，紀登斯的《資本主義與現代社會理論》一書出版。該書在大約10年裡一直是他最著名的著作。

　　這本書迄今仍然是了解馬克思、韋伯和涂爾幹思想的最寶貴來源之一。鑒於從那時以來，同樣論題的著作層出不窮，所以這一點尤其值得一提。該著作可視為紀登斯對社會學理論不同的複雜層次的廣泛評估的開始。紀登斯至今仍在從事這項工作。1972年，兩部相互關聯的書出版了。一本是由他編輯的涂爾幹的文集（紀登斯，1972a）；另一本是關於韋伯的社會和政治著作的一個很短的反思（紀登斯，1972b）。次年出版了《先進社會的階級結構》（*The Class Structure of the Advanced Societies.*）（紀登斯，1973）。1974年出版了由他編輯的有關實證主義和社會學的文集（紀登斯，1974）和一個有關英國社會精英階層的文

集〔紀登斯和斯坦沃思(Stanworth)，1974〕。在這一時期，紀
登斯還忙於爲專業報到撰寫文章。1977年，一本以《社會和政
治理論研究》(*Studies in Social and Political Theory*)爲題的論文
集發表(紀登斯，1977)。這些論文擴展了紀登斯對社會學經典
著作的評論範圍，並且涉及了社會科學領域中另外一些重要和
新興的領域，其中有代表性的是帕森斯的結構功能主義、哈伯
瑪斯的批判理論，以及哈羅德‧加芬克爾(Harold Garfinke)的民
族方法論(ethnomethodology)。在這個時期，紀登斯通過思考建
立了自己的理論基礎。以此爲基礎，爲他後來的著作提出一個
新的社會學範式，即「結構化理論」(structuration theory)。關於
這一理論的輪廓，《社會學方法的新規則》(*New Rules of
Socidogical Method*)一書作出了嘗試性的論述(紀登斯，1976)。

　　該書的主題由於幾個原因而具有指標意義。像紀登斯從前
對社會學中自殺問題的關注一樣，這本1976年出版的書重新喚
起了人們對涂爾幹在當代社會學中地位的重視。1895年，涂爾
幹在《社會學方法的規則》(*The Rules of Sociological Method*)一
書中對社會學應當是什麼的問題發表了論述。在涂爾幹看來，
社會學是一門系統性的、嚴謹的、來自經驗的科學，它把世界
當作客觀數據的一個來源來對待，認爲社會學與自然科學相
當，不受世人的主觀信念和意圖影響。與此形成對照，在紀登
斯看來，在20世紀下半葉重新考慮社會學觀點，就必須把主觀
因素納入到社會學體系之中，盡管其方式是涂爾幹所未曾預見
到的。簡單地講，在紀登斯看來，社會學應該注重到，這個世
界對他的成員來說是有普遍和個人意義的，人們的意圖以某種

方式得到反映，這種對社會學的認知具有極端重要性。否則這一學科就不能解釋每一個人如何對社會集體的歷史做出貢獻，幫助塑造歷史。《社會學方法的新規則》，對涂爾幹社會重要性的認可，又將涂爾幹傳統的整理。雖然該書的重點是批判性詮釋的〔或者不嚴謹地講是現象主義的(Phenomenological)〕社會學，但是它還是有意識地承認超越涂爾幹的必要。該書出版後，紀登斯社會學開啟了新頁與新的典範，他的結構化理論，在3年後《社會理論的核心問題》(*Central Problems in Social Theory*)一書中第一次得到系統性的介紹(紀登斯，1979)。

結構化理論

我花了一些時間專門研究紀登斯同涂爾幹社會學的關係，因為這一關係對紀登斯理論，抑或任何對該學科改造的意圖，都具有核心意義。這並不是說，其他古典社會學家，特別是馬克思和韋伯，在紀登斯的著作中無關緊要，他們一直都很重要。但是，在結構化理論中，涂爾幹發揮了最重要的影響，因為他的學術遺產導致紀登斯採取了對「社會結構」的高度形式化和抽象化的構思。例如，馬克思往往十分生動地詳細描寫資本主義制度的結構——工廠、貧民窟和擁擠的房舍、生產工具、資產階級的腦滿腸肥、無產階級不可避免的貧困和淪落、工人階級運動和政黨的形成等等。而涂爾幹則間接地描述社會結構，將其比做生物的細胞和器官。社會結構是通過「社會紐帶」的粘合作用而維持的；這種紐帶對社會學家來說僅僅是抽象地顯

現，形成與社會融合的具有一定穩定性和有序性的格局。紀登斯採取了一種與此相當的形式主義做法；他爭論說，「結構」概念本身對社會學來說是毫無用處的，社會學家應當談論的是社會互動(interaction)的「構成性」(structuring properties)，以此作爲人們實現其目的和目標的媒介。

如果社會學要把世界理解爲既對其成員有意義，又起碼是部分地由他們所複製(reproduced)和改造(transformed)，那麼人們對這個世界的任何社會學描述，正如紀登斯所爭論的那樣，本身也是一種社會學。關於社會學的知識和理解並不是專業社會學家所的特權。人們的習慣性行爲揭示並表達了社會學知識在日常生活中的重要性。例如，交談的規則、對行爲的期望，或者人與人之間的親密禮節，都紮根於這樣一些知識：社會生活是怎樣和爲什麼發生的：誰說話或者誰沉默以及何時說話或沉默，誰站立或坐著，以及爲什麼坐或立，誰屬於或不屬於，以及屬於或不屬於什麼，誰受到尊敬或厭惡以及何以如此，這些都是日常社會學的普通構成要素。有關社會領域如何運作的知識(不論其看來可能具有多大局限性或分散性)紮根於生生不息的人們的日常行動與互動之中。它所形成的是「實踐社會學」(practical socialogies)。人們運用這種社會學知識通常是在沒有意識到它的情況下進行的。這種有關世界運行規律的知識很像語言的使用規則。對一種語言運用自如的人們能夠運用語法規則來相互溝通，但他們並不必使自己的語法知識成爲自己所講內容的一種明確特徵。實際上，如果說者和聽者每次溝通情況時都不得不確立語法規則，則他們能溝通的情況就寥寥無幾

了。在運用語法來溝通自己想要溝通的信息過程中，講話者便在無意中複製這些語法規則。當我說話時，我的意圖是表達一個意思，為了使我的話聽起來更合乎情理，更有說服力或更加悅耳等等，我可能會利用某些語法規則。然而，雖然我可能有意識地遵守語法規則以實現我的意圖，但並不能說我的意圖包括複製這些語法規則。從我對這些語法規則的運用角度看，它們的複製是我試圖表達一個意思的努力過程中無意的結果。

紀登斯認為，與此相類似，人們所知道的社會行動與互動的「規則」對他們生活在社會中或者應付社會的制度與機構來說，也是不必明確規定的。人們依據行動與互動的規則作事，把它們當作使自己得以每天完成事情的資源。這種「依據」的後果是把這些規則當作自己的行動與互動的構成特性來複製。從任何個人的觀點來看，社會領域表面上的客觀性，它所顯示出的有條不紊和規範，實際上是所有個人日常生活都必須採用的無意的後果（unintended consequence）——這種結局既不是有預謀的，也不是任何人或團體所設計出來的。

紀登斯並不否認，語言的使用規則與社會規則之間是有差異的。他的觀點是，社會行動的結構構成特性，像語言的使用規則一樣，並不僅僅是對什麼是作得到的和什麼是作不到的事情的限制因素：社會結構並非簡單的是外在於或者限制著人們對社會結構加以利用的「事實」，而是藉由社會行動所複製的社會行動情境。紀登斯簡明地表達了這種意思：

　　正如我所採用的措辭，「結構」指的是「結構的特性」

（structural property），更確切地講是「結構化特性」
（structuring property），在社會制度中提供「凝聚力」
（binding）的構成特性。我認為，這些特性可以當作規
則和資源來理解，它們在社會制度複製中被反覆涉
及。結構就像典範般的存在著，作為一個不被呈現的
差異性，而僅僅在社會系統建構的時刻，短暫的以例
示方式被呈現。（紀登斯，1979）

　　1979年以後，紀登斯對結構化理論的詳細闡述採取了一些
十分複雜和不同的途徑。與之相對的是馬克思主義關於社會變
革（Social change）的社會學──在《歷史唯物主義的當代批判，
第一卷：權力、財產和國家》（*A Contemporary Critique of Historical
Materialism.* Volume 1: *Power, Property and State*, 1981）一書中。
在該書中，紀登斯否定了馬克思所提出的有關歷史進步的線性
觀點──按照這一觀點，在內部矛盾和急於推翻現存制度的一
個革命階級的共同作用下，一種生產方式不可避免地讓位於另
外一種。紀登斯創立了把社會制度當作時空關係安排的一種新
穎的類型學（typology）。這一主題在《社會的組成》（*The
Constitution of Society*, 1984）一書中得到了發展。該書是對結構
化理論的正式的（起碼至今為止也是最後的）闡述。簡而言之，
每個具有歷史方位的社會都把時空關係編成密碼，輸入其制
度、機構、習慣和實踐。雖然任何一種社會行動都始終處於時
空之中，但是它也賦予時空的實質內容。在前現代的社會中，
時間和空間同「方位」（place）有著內在的聯繫。在特定時間發

生的活動──勞動、交換物品和服務，甚至交談──都發生在有限的和有嚴格界限的空間之中。活動在「何時」發生與其在「何處」發生有著密切關係。相對的，在現代世界中，時間和空間被彼此獨立地組織起來的：今天，按動電腦的一個鍵，經濟交易就可以跨越大陸和時區發生；媒體使得長距離的交談和將世界各地發生事件的影像同步擴放在螢幕上成爲可能，並且被不斷地播放。在全球化的現代世界，時間和空間已經「喪失根基」（disembedded），不再有其事件的傳統脈絡。雖然所有的社會活動都發生在時空之中，但是時間與空間通過社會活動組織起來的方式，在現在社會和傳統社會之間是有差別的。

　　結構化理論的應用也在《民族國家與暴力》(*The Nation State and Violence*, 1985)（《歷史唯物主義的當代批判》第二卷）(volume 2 of *A Contemporary Critique of Historical Materialism*)中用以處理國家和國家暴力問題；並在種種當代社會問題──包括意識形態、空間與時間、革命、社會階級和權力等──的各種文章中起根本作用。然而，在他寫作的這一階段，「現代」問題越來越成爲紀登斯研究計劃的核心。事實上，1970年代末其以來，作爲結構化理論所提出的概念和看法，成爲關於「什麼是現代」這一問題（我將在下面討論）的所有論述的來源。

我們現代嗎？

　　當今世界是一個「現代」世界，這一想法是按照慣常的思維方式得出的根深蒂固的觀念：它似乎是一個很顯然的、無可

爭辯的事實。根據所有按照常理的衡量方法和標準，當代世界是無可比擬的現代，其現代特徵的深度和廣度是20世紀初的現代派藝術家和建築師們做夢也想不到的。只要簡單地比較一下1990年代的生活和1890年代的生活，就會發現許許多多的技藝和社會發展。噴射引擎、錄影機、電腦、核電、太空船、對基因的干預、福利國家（就目前而言）、電視、抗生素等等，所有這一切都證實，當今的世界同過去相比，複雜得多，也先進得多。這麼說，同1890年代相比，1990年代的生活的「現代」是無需爭議的，以致對一些人來說，它不僅僅「現代」，而且是「後現代的」。

但是，「現代」究竟是什麼呢？是什麼使得當代社會比我們前輩的社會「現代」呢？我們的上輩也認為自己同自己的先人相比要「現代」。今天的社會在哪些方面不同於以往，以致我們能夠自稱比前輩「現代」呢？這些問題以某種形式成為社會學很大一部分內容的基礎：弄清現在相對於過去而言的獨特性質，這一直是社會學對自身了解的核心。在專門討論這一問題的一系列書籍（紀登斯，1990、1991；貝克（Beck）、拉什（Lash）和紀登斯，1994）中，紀登斯對這一問題的貢獻是使這一獨特性質——現在與過去的差別——成為當代社會學所研究的核心問題之一。紀登斯認為，世界的現代性，即什麼是具有現代特徵，這恰恰是當代社會的社會安排，這個世界超越了自己的過去，不為傳統、習俗、習慣、慣例、期望和信念所禁錮。現代性是一種具有歷史意義的差異狀況，它以某種方式打破了從前的一切。這裡要注意的是，紀登斯並沒有說，不再有任何傳統了。

他也沒有斷言，人們不相信我們的前輩所相信的東西。相反，
紀登斯指出，今天的世界是一個「後傳統」(post-traditional)世
界，因為數不清的傳統、信念和習俗相互混合。在這個世界上，
正如涂爾幹於1898年所斷言，沒有任何單一的傳統可望左右大
局，也沒有任何單獨的習俗性行動方式能夠成為人們在複雜和
不斷變化的現代情況下的生活基礎。今天，傳統和習俗、信念
與期望，都是由相互混雜的文化和生活方式構成的全球化、都
市化世界之上的，可以調整和修改的，「富於彈性的」(plastic)
資源。因此，現代的世界並沒有帶來傳統的消滅，而是賦予傳
統新的地位和環境，成為決策的可供選擇的替代基礎、成為知
識、價值觀和道德的可供選擇的替代來源。如果說我們曾經生
活在傳統的世界上，那麼今天，我們則生活在由種種傳統所共
同構築的世界中。紀登斯如此說明：「由於過去已經喪失控制
力，抑或變成人們做事的原因之一，而不是惟一的原因，所以
從前存在的習慣僅僅是行動的一個有限的指南；而向各種可能
性敞開懷抱的未來，則妙趣橫生」(1994)。

　　傳統的這種轉型是現代世界所獨有的。對於考察社會的現
代形式和形式之間的區別而言，這種轉型是關鍵的，這種轉型
並通過前者的官僚體系、商務和技術體系而制度化。這一轉型
今天比以往任何時候都更加明顯，它的長期結果現在被人們更
加廣泛地經歷，更加強烈地感受。我們的上一章確很「現代」，
但他們的社會僅由一種「簡單的現代化」(Simple modernization)
所構成；而今天，我們則進入了一個「反身性現代化」(reflexive
modernization)的時代。這一術語的涵義是，現代的特點是高度

的、紀登斯稱之爲的「社會反身性」（Social reflexivty）。社會反身性所指的是這樣一個社會：我們的生活環境日益成爲我們自己行動的產物；我們的行動也反過來越來越著重於應付我們自己所造成的風險和機遇，或對恥提出挑戰。在歷史的較早階段，人們生活在很大程度依賴外部力量的環境之中。季節的交替、日夜的循環、嚴寒酷暑和不可逾越的地理環境（例如深海或高空）構成人類行動的外部極限。而在當代社會中，日夜和季節的交替只是一個每天24小時、每年365天連續運行的全球經濟環境中的人爲的、暫時的分割。深海和蒼穹則變成資源，它們提供豐富的食品。海里的遨遊和空中的遨翔，以及電纜和衛星通信都已成爲可能。

此外，過去制約社會行動的「限制」，現在卻充斥著這種行動的後果。在海洋的底部和大氣層的外部，現代工業社會給環境造成的後果不斷累積。不管人們是否相信全球暖化的真實性，不可否認的事實是，我們所呼吸的空氣、我們所飲用的水和我們所吃的食品，都充斥著工業社會的化學成分。既然氣象局發出城市空氣汙染警報，既然我們的食品上面的標籤標明我們所吃的東西中所包含的（已知）化學添加劑，既然自來水管中流出的水不是經過過濾，就是經過氯化和添加了微量氟化物，那麼我們就必須承認，現代社會的環境狀況受到了這個社會的科技和專家體系的嚴重干預。今天，以往的「自然界」幾乎沒有任何方面逃脫了人類科技與社會發明的影響。從牛肉生產到人類的繁殖，從自然保護區到「複製羊」，從水中充滿雌激素的河流到佈滿輻射層的谷地，人類生活在自己所創造的環境之

中：這種環境再也不僅僅是對我們能力的限制，而是越來越充滿著我們的介入。以往社會所面對的是自然風險的威脅；現代社會所面臨的則是人類自己所製造的威脅，這些威脅危及個人和地球的生命，它們無疑是由我們今天的生活方式所造成的。

世界的現代性質由所有這一切所形成——它與其說是以任何特定的科技、制度或信仰體系為特徵，不如說是以當代社會所提供的幾乎無可局限的機會和風險為特色。深受科技影響的現代文化從事了複製生命，給農業帶來了革命化的轉變；把世界縮減到幾個小時的飛行路程，從太空對火山進行拍照；將微晶片引進到千百萬人的日常生活中，使各種事物實現了自動化，從到牆壁上的一個洞中去取錢，到用一枚（往往並不很）「聰明」的導彈使敵人「中立化」等。

當代的科學和官僚機構為我們提供了中央暖氣系統與全球暖化現象，兩分鐘即做好飯菜的微波爐和潛伏期為10年的「克—雅二氏病病菌」（CJD）。世界的奇觀壯景每增添一點，世界上的恐怖事物也增加一些，從食用具有潛在危害的肉類，到在陽光照耀的汙染海水中游泳，生活的每個領域中都是如此。

這個弔詭的現象——維持我們共同生活的手段恰恰是對人類共同生活的主要威脅——其特殊的現代性質在每個人同現代社會的關係中重複。在以往的時代中，我與社會的關係、我的社會特徵，受到傳統、親情和地點的制約；而今天，這種關係則要模糊不清得多。我被形形色色的傳統所包圍；我不再居住在自己的出生地，我的姓名，以及它看來所確定的特殊親情關係，對本文的讀者們來說沒有任何涵義。在這裡，我是書中一

頁上的一個姓名；在那裡，我是一個網址；在其他地方，我是一台政府電腦中的一個國民保險號碼。我與現代社會的關係，即我的社會身分，已經脫離了曾經充滿著自己是誰和自己怎樣生活的知識的環境、社區與期望中。今天，我對自己的身分負有責任和義務。我的身分不再受到外部參照點的約束，而是一個穿越全球化文化系統的，隨種種複雜社會與制度外觀的不斷移動的投影。在這個世界上，所有的個人都必須使自己同這個現代弔軌實現和解，通過制訂一項有關自我的「反思計畫」（reflexive project）：每個人都必須掌握自己的個人方向，泛舟於現代社會的威脅和希望之間。

　　但是，這一危險狀況並不僅僅是焦慮的來源。誠然，當代社會生活的步伐與多樣性，對於像遺傳工程學等先進技術的影響的捉摸不透，以及造成汙染的種種環境問題，可能會為不安情緒和心理紊亂的泛濫創造條件。與此同時，人們的社會特徵表明，他們正在為重新界定現代社會的面貌做出貢獻：應當怎樣對待動物？應當如何對付汙染？不同的文化應當怎樣相動？對倫理問題的公共反應——人權和動物的權利、富裕國家對貧困國家的責任、具有社會差別——性別、民族、具體形象等——的人們，其身分和社會組織表明，現代社會像傳統社會一樣，繼續遇到和疲於應付道德行為問題。對這場鬥爭，紀登斯稱之為社會生活的「重新道德化」（remoralization）過程。它表明，今天的政治鬥爭仍同以往任何時候一樣突出，但當代政治行動的基礎卻經歷了一些深層的變化。反身性現代新政治學不再求助於社會主義或新自由派傳統，以使政治獲得道德基礎，而是正

如紀登斯的有關政治哲理的主要著作的名稱一樣，《超越左派與右派》（*Beyond Lift and Right*， 1994.《歷史唯物主義的當代批判》第三卷〔Volume 3 of *A Contemporary Critigque of Historical Materialism*〕）。

個人的與政治的

　　成為現代世界特徵的迅速變革並不是「遠在天邊」，超越了普通人的經驗、意圖和欲望。現代性這一概念所指的不僅是公開和理性的事物，而且還有私人的和充滿情感的事情。例如，很少有人不同意，表達親密關係的語言最近經歷了一些深刻的變化：「狂野女找純樸修長男不吸煙、幽默，年齡28-35，溫馨夜晚在家或出外狂歡皆可──信箱12345。」這種表達情感的語言與莎士比亞（Shakespeare）、丁尼生（Tennyson）或華茲華斯（Wordsworth）的語言截然不同。報刊的個人欄公開了表達情感的討價還價：在超越時空的一個親密情感的交易貨品店裡擺出自己的貨物進行交換。他們在對全球陌生的人訴說自己最私密的情感的同時，也在彼此間區隔開了所限定的顧客群（如"Wild"，"Slim", "n/s", "m" "2835" "GSOH"）在一條電話線的盡頭，是一個語音信箱，它記錄對信箱所有者情感魅力的任何反應，以供事後檢驗、劃分等級、採取行動或放棄。如果說個人欄內的文字表達對親密感情的企望，則它是在行使選擇權的背景下公開行事。在這裡，親密關係成為一種交換關係：每個人都向由陌生人組成的觀眾提供某些情感，都具體說明自己所珍視的作為

回報的情感。

　　雖然報紙的個人欄顯示了表達親情語言的十分明顯的轉變，但是這僅僅是情感構成廣泛變化中的一個很小的細節。親密關係以及它的形成和管理，與社會準則和建立在社會基礎上的期望及義務相關。在社會組織這一層面上的變化為這些準則、義務和責任範圍更廣泛的變革提供了線索。這些線索暗示著當代社會範圍更廣的社會潮流和伴隨它們的一些政治問題。這些趨勢包括關係模式的變化：例如單親家庭的增多、離婚率的上升、「契約」婚姻的廣泛流行，以及連續性(serial)的一夫一妻制(即連續不斷地從一個伙伴轉向另一個伙伴)取代對單一伙伴的終生承諾、性別準則等的改變，顯現在年輕單親父母的越來越多，以及許多社會地位穩固的夫婦傾向於為了追求事業而拒絕生育(如Dinks〔頂客族〕)，還有同性關係獲得更加廣泛的接受。此外，許多社會政策和稅收政策建立在對特定類型的長期關係及其指導準則的假設上。一些當代趨勢造成了警告性的政策反應──兒童援助機構(The Child Support Agency, 旨在確保消失的父親對子女的經濟義務)、1988年地方政府法案第28項條款(旨在阻止地方政府使同性戀與異性戀同等的地位)，以及1989年的國家衛生局和社區關懷法案，其目標都是減輕親密關係和個人行為變化的影響，恢復與這些社會變遷相矛盾的法則。

　　在紀登斯(1992, 1994)看來，這種種變化顯示了當代青商會中傳統法則與親密關係現實的分離。紀登斯特別說，目前出現的最重要趨勢之一是感情的「民主化」。這並不是說紀登斯認

為，婚姻或同居中的男女平等已經實現，或者今天的親密關係已經擺脫了權力、暴力和征服。正像我所舉的上述報紙個人⑹的例子一樣，他提出，這種關係有一個趨勢，即較多地依賴談判和公開交易，而不是依賴傳統的期望、角色和法則。如果是後者，即婚姻和個人關係的傳統特色正連同曾經支撐它們的社會和政治框架一起崩潰，則這一過程並沒有簡單地留下一處空白。並不是在一個時刻結婚蔚然成風，而在下一時刻就只有麻煩存在：親情的轉變標誌著個人關係的積極變化，儘管它也給人們和制度帶來困難和問題。再者，這一崩潰並不是外在於人們所作出的選擇和所採取的行動：旨在建立不同關係的決策反映在政策、行為期望和社會網絡之中。這些東西是個人生活的青商會背景和條件。也許比在任何別處都一致加明確的是，親情的變遷表明了一種重要性，即要了解每個人的動機和願望都對我們時代的重大社會轉變作出了什麼貢獻。

在紀登斯看來，這些滲透了按常理被認為是「隱私」領域的動機和願望也處於滲透了按常理被認為是「公共」領域的重大社會變革的頂點。紀登斯所察覺的當代個人關係中的種種感情的交易，其所表達的一些重要原則正在重新界定當代世界政治行動的更為廣泛的邏輯。特別在「私人」和「公共」生活領域中，這種交易都把信任、對話和自主權等問題擺在首要位置。換言之，它們表現，對民主的追求是這樣一種力量，它不僅推動著社會組織之中的，而且還有個人行為與互動之中的變革。

雖然紀登斯提出了幾個理由來說明民主進程何以在當代公共和私人生活中占有核心地位，但是他的評估的最重要一點，

紮根於這樣一種認識之中，即現代社會的特點是很強的社會反身性。傳統已經喪失了控制力，不再爲個人或制度的可靠性或可信性提供擔保，在這種情況下，每個人在怎樣生活的問題上，都面臨著一系列公開的抉擇。自我實現，通過個人和社會的交往來實現自己，這是現代社會生活的基本狀況，這樣做恰恰是因爲傳統和習俗不再保障我們的身分和地位。這種狀況促使個人擺脫社會上根深蒂固的預期而實現自主權，使世界向探索個人的實驗開放：我們越來越能夠在自己是誰和在哪裡的問題上作出選擇。在這種情況下，對話過程對個人和公共生活同時變得越來越具有核心地位。它之所以對個人生活具有核心地位，是因爲再也沒有任何固定的角色體系或行爲準則。男人曾經期望自己占據一個不受打擾的工作、政治和商務的所謂男性公共生活領域，期望女人脫離公共角色，生活在家庭中的私人領域，生兒育女；而今天，在勞動大眾中可以找到與男人幾乎一樣多的女人。男人經常與女人競爭（盡管他們仍然是在享有特權的條件下競爭）公共職位；看來女人自己也紛紛選擇放棄婚姻。今天，許多親密情感關係要想獲得成功，情感伙伴之間就必須進行大量對話，必須承認對方的權利、願望與抱負。公共領域中的對話之所以越來越重要，是因爲全球範圍內的大規模遷移和現代媒體在全世界的廣泛傳播已經使現代社會形成實際的或虛擬的世界性文化。這種世界性文化所造成的差別可以採用兩種方式中的一種來消除：或者通過暴力，或者通過對話。

在紀登斯看來，至關重要的是我們要抓住當代社會變革的積極潛力，以促進這樣一種條件的形成，通過這種條件，暴力

能被馴服，對話能夠擴大。從部分意義上而言，這就是為什麼他認為現代親密關係中包含著機會。因為，正是在私人和個人領域中，個人才為處理自己的願望和感情建立一個基本框架。正如他所寫道：

> 情感的民主只要產生，就會進一步對正式公共生活的民主產生重大影響。充分了解自己情感的構成，並且能夠在個人之間進行有效溝通，這樣的個人很可能已經為承擔範圍廣泛的任務和公民責任做好了準備。（1994）

如今的人們尋求通過個人行動來使事情發生。在現代社會中，我們不再滿足於把關係到社會生活道德質量的決策留給他人去做。我們既不是生活在社會主義的，也不是生活在政治的時代中，而是生活在「生成政治」（generative politics）的時代裡：這種政治學活躍在環境變化、生活品質和全球制度與機構的作用等重大社會問題的前沿。這種政治學的表達不論是通過新的社會運動〔紀登斯稱之為「生命政治」（life-political）運動——他特別提到綠黨和女權主義〕，通過爭取衛生或房屋資源的社區運動，還是通過替代性的經濟安排（比如地方交換和交易計畫，local exchange and trading schemes），紀登斯都建議政治制度和機構必須趕上在當代社會變革中起帶頭作用的民主化進程。做這件事的惟一有效途徑是改造政治制度和機構——包括福利國家及其相關機構，只有這樣，對把重任委託給在過長的時間裡似

乎一直自私自利和脫離人們日常憂慮的組織的人們才能有信心。簡而言之，對於現代社會的社會反身性，政府順應它而不是違背它是必要的。只有這樣，才能有希望就我們今天應當如何生活的問題取得政治上的共識。

結語

就連對紀登斯著作的這一簡介也會使人對他的學問的淵博和力度略知一二。但是，這項計畫還沒有完成。實際上沒有任何跡象表明，他的文章，不論其數量還是其智慧的範圍快要減弱了。實際上，紀登斯目前的計畫已經達到了其艱巨程度的極限。他使學術領域中的社會學同在現代國家政府面前的重大政治問題重新聯繫起來；與此同時，他還領導著像倫敦政經學院這樣一個龐大的學府。對這樣一項任務，很少有哪位認真的學者有可能承擔。最近30年來，紀登斯的學說一直處於青商會學這門學科知識範圍的重新界定和重新建設的核心。現在看來，這些貢獻還只是解決重大政治問題的準備階級。這些問題是現代社會的日常和制度性組織中都普遍存在的。任何人只要對政治綱領是如何受知識分子影響感興趣，只要對社會學概念怎樣影響和源於日常生活有好奇心，都理應對本書愛不釋手。

參考書目

Beck, U., Lash, S. and Giddens, A.

1994 "Preface" in U. Beck, S. Lash and A. Giddens, *Reflexive Modernization: Politics, Tradition and Aesthetics in the Modern Social Order*(Cambridge: Polity Press), pp. Vi-Viii.

Dawe, A.

1970 "The Two Sociologies", *British Journal of Sociology*, vol. 21, pp. 207-218.

Douglas, J.

1967 *The Social Meanings of Suicide*(Princeton, NJ: Princeton University Press).

Durkheim, E.

1895 *The Rules of Sociological Method*(London: Macmillan〔1982〕).

1897 *Suicide: A Sociological Study*(London: Routledge〔1963〕).

Giddens, A.

1971 *Capitalism and Modern Social Theory: An Analysis of the Writings of Marx and Durkheim*(Cambridge: Cambridge University Press).

1972a (ed.)*Émile Durkheim: Selected Writings*, trans. A. Giddens (Cambridge: Cambridge University Press).

1972b *Politics and Sociology in the Thought of Max Weber*(London: Macmillan).

1973 *The Class Structure of the Advanced Societies*(London: Hutchinson).

1974 (ed.) *Positive and Sociology*(London: Heinemann).

1976   *New Rules of Sociological Method: A Positive Critique of Interpretative Sociologies*(London: Hutchinson).

1977   *Studies in Social and Political Theory*(London: Hutchinson).

1979   *Central Problems in Social Theory: Action, Structure and Contradiction in Social Analysis*(Basingstoke: Macmillan).

1981   *A Contemporary Critique of Historical Materialism*, Volume 1 , second edition(Basingstoke: Macmillan, 1995).

1984   *The Constitution of Society: Outline of the Theory of Structuration* (Cambridge: Polity Press).

1985   *The Nation State and Violence*(Cambridge: Polity Press).

1990   *The Consequences of Modernity*(Cambridge: Polity Press).

1991   *Modernity and Self-Indentity: Self and Society in the Later Modern Age*(Cambridge: Polity Press).

1992   *The Transformation of Intimacy*(Cambridge: Polity Press).

1994   *Beyond Left and Right: The Future of Radical Politics* (Cambridge: Polity Press).

1996   *In Defence of Sociology: Essays, Interpretations and Rejoinders* (Cambridge: Polity Press).

Giddens, A. and Stanworth, P.(eds)

1974   *Elites and Powers in British Society*(Cambridge: Cambridge University Press).

Sainsbury, P.

1955   *Suicide in London*(London: Chapman & Hall).

目次

導論：安東尼‧紀登斯的社會學（Martin O'Brien）⋯⋯⋯⋯i

紀登斯訪談錄

【訪談錄之一】生活與知識生涯 ⋯⋯⋯⋯⋯⋯⋯⋯⋯1

【訪談錄之二】社會學經典著作及其他 ⋯⋯⋯⋯⋯27

【訪談錄之三】結構化理論 ⋯⋯⋯⋯⋯⋯⋯⋯⋯⋯51

【訪談錄之四】現代性 ⋯⋯⋯⋯⋯⋯⋯⋯⋯⋯⋯⋯69

【訪談錄之五】從親密關係的轉變到人生政治學 ⋯⋯93

【訪談錄之六】超越左派和右派的政治 ⋯⋯⋯⋯⋯127

【訪談錄之七】世界政治 ⋯⋯⋯⋯⋯⋯⋯⋯⋯⋯⋯145

附錄

附錄一：處於舞台中央的中間偏左派 ⋯⋯⋯⋯⋯171

附錄二：風險社會的政治 ⋯⋯⋯⋯⋯⋯⋯⋯⋯⋯181

附錄三：超越混亂和教條 ⋯⋯⋯⋯⋯⋯⋯⋯⋯⋯195

附錄四：風險、恐懼、惡夢 ⋯⋯⋯⋯⋯⋯⋯⋯⋯205

訪談錄之一

生活與知識生涯

克里斯多福・皮爾森（以下稱「皮」）：在你的著作中，你經常
　　強調社會變遷和個人認同之間的聯繫。我們能不能通過把
　　這一做法應用在你自己的經歷上來打開話題？你對自己的
　　早期生活和背景怎麼看？

安東尼・紀登斯（以下稱「紀」）：我屬於第二次世界大戰後社
　　會流動性很強的一代人。我出生在倫敦北部的愛德蒙頓
　　（Edmonton）。愛德蒙頓過去是、現在仍是一個貧困和普通
　　的、不起眼的地區。後來，我父母把家搬到帕默斯格林，
　　這是一個水準稍微高一點的社區。直到我離家上大學為
　　止，倫敦北部的這些地區一直是我生活的外圍極限。我們
　　甚至不認為自己是生活在「倫敦」；倫敦意味著市中心，
　　那裡距離我們住的地方還有許多英哩。我偶爾被祖父帶去
　　觀看倫敦的景物。但直到我將近20歲為止，我基本上幾乎
　　未曾見到「倫敦」。它就像一個外國城市。與此同時，我
　　總是覺得自己同自己土生土長的環境格格不入，很想離開

那裡。倫敦的遠郊是一片荒廢的土地，住在那裡的人們都在某種程度上知道這一點。但這個地區也是一個完全自成一體的世界。我至今仍對自己在其中長大的這個社區愛恨交加。我與它不再有任何直接的聯繫。我在那裡沒有親戚，儘管我與還生活在這個地區及周圍的一些童年時代的朋友有接觸。每當我回去的時候，「這個地區總是立即喚起我的親切感。但是，直到現在，每當我再次離開，我都有一種如釋重負的感覺。我回去的主要原因實際上是去觀看「馬刺」隊的比賽。他們每次在主場的比賽我都前去觀看。體育一直是我生活語的一個主要部分。我所來自的愛德蒙頓的那個地區距離托頓姆體育場只有大約1英哩。最初，在我7歲時，是父親帶我去，不久，我就開始同班朋友一起去。我們總是真正地喊破嗓子，極度興奮。

皮：談談你的父母。他們來自於什麼背景？

紀：我父親在倫敦運輸部門工作。他在其中當職員，負責地鐵車輛的維修，比如為車中的坐位換面布料。他經常對乘坐地鐵的人們的行為感到憤慨。他常常講到座位是如何被割破，被塗上油漆和被撕成碎片的。他也許只見到了其糟糕的結局。但是，照他常說的，地鐵中破壞公物的行為是普遍和不間斷的。我接受了他所說的情況，把它當作現實，因為它在一定程度上與我自己的經歷相符合。今天有些人聲稱犯罪率達到了失控的程度；他們懷念一個過去的時代，說那時社會秩序井然，人身和財產受到尊重。而我的最早記憶當中，有一些是對輕度犯罪的記憶。當我只有7歲

左右的時候，我的朋友們就學著從商店裡偷小東西，主要
是糖果等當時短缺的東西。因此，你瞧，你是在和一個曾
經與罪犯為伍的人談話。當我稍大一點的時候，暴力就成
為我們生活中司空見慣的內容。我屬於一個非正式的男孩
團體，這個團體本身不是一個暴力團體。這個地區的許多
其他團體則傾向於暴力，其成員們裝備著腳踏車鏈條和刀
子四處游蕩。我們或多或少地總是生活在對這種團體的恐
懼之中，儘管我的最壞遭遇只是偶爾遭到嚇唬。

皮：那麼你母親呢？

紀：她總是很辛勞，但只是在家裡。她結婚以後不久就不再上
班。這在當時是很平常的事情。她一生的經歷有某種變化，
從一位平易近人的年輕婦女，變成在家務之中的心理囚
犯。年輕時，她很喜歡社交，但後來，她和我父親只是偶
爾與朋友外出，或者邀請什麼人到家裡做客。我母親是孿
生姐妹之一；這對她的生活產生了很大影響。她需要接近
和經常見面的主要人物就是她的孿生妹妹。她的妹妹與我
父親最要好的朋友結婚。大多數人分辨不清我母親和她的
妹妹。因此，她們的經歷與一般的雙胞胎是一樣的。例如，
一位認識的人可能會走到我母親面前說：「你昨天在街上
走過我身邊，連招呼也不打。」當然，她所遇見的是我母
親的孿生妹妹。她的妹妹可能根本不認識這個人。開始學
術生涯之後，我閱讀了有關雙胞胎的大量著作；我至今仍
然保持對這方面最新研究文獻的了解。雙胞胎這一主題。
即一個人的影子問題，在文學中有形形色色的化身。對雙

胞胎的研究在心理學和社會科學中占有重要地位。有關遺傳對我們行為影響的研究成果在很大程度上是以雙胞胎的研究為依據。此課題現在又時髦起來了。我所獲得的對我母親與其孿生妹妹的體驗有悖於新的普遍認識，即基因時性格產生很大影響。我母親與其妹妹長相幾乎相同，但她們的性格卻迥然不同。我的阿姨總是比我母親富有生氣、胸有成竹和意志堅強。在我看來，她們各自的性格恰恰來源於她們終生的相濡以沫。她們的特點是互補的，而這使得她們的相互依賴得到強化。

皮：你自己有兄弟姊妹嗎？

紀：我有一個比我小快10歲的弟弟。他是一位很成功的電視廣告片導演，現在住在洛杉磯，在好萊塢工作。我想他像我一樣，覺得有強烈的需要逃避自己的出身。惟一的差異是，他選擇了比我遙遠得多的逃避。他先是長期旅居香港，然後才移居美國；因此，他不在英國生活已有20多年。他離開故土後的生活榮華富貴。

我十分短暫地擁有過一個妹妹。我母親生了一個只活了兩星期左右的女孩。我認為，我母親從這個孩子死時起就一蹶不振。她患了反覆發作的憂鬱症，這無疑是造成她後來與外界隔絕的主要因素之一。

皮：你自己的教育背景如何？

紀：我通過了升學考試，上了本地區的文法學校。我是怎樣通過的，連我自己也不知道。我們並沒有做好考試的準備。對考試內容，我的了解是十分模糊的。我並沒有把它當作

什麼重要的事情。但是，它所造成的後果貫穿了我的一生。文法學校與普通中學是迥然不同的。我弟弟沒有通過這種考試，因而直到今天，我也不能肯定他是否已經克服了這件事造成的被遺棄的感覺。普通中學就像另外一個世界，完全不同於文法學校。我對學業並不特別感興趣，也不是一個模範學生或學業出色者。我的確養成了對知識的興趣，但這種興趣與正統學校的價值觀念勢不兩立。我開始閱讀不在教學大網范圍內內的哲學、心理學和人類學書籍。這樣做是一種抗議舉動，而不是任何別的行爲，因爲我當時對這些主題知之甚少。我從來就沒有喜歡過文法學校的氣氛。這種學校是一種管束很嚴格的學府。我在那裡學會了對學術成就的某種尊重，但我尊重的表達方式是疏遠學生應當知道或學習的東西。我並沒有獲得家庭環境的熏陶，因爲我的父母都沒有讀過很多書，家裡的書籍也很少。

我家在我之前沒有任何人上過大學，與高等教育根本無緣。我怎樣上了大學，這是一個很好的實例，說明人生在多大程度上受偶然性影響，儘管我猜想這裡面也有一點必然性。我當時想嘗試一下能不能上大學，但文法學校給我的幫助很少，或者說根本沒有，因爲我被認爲只是一個很平庸的學生。我去了本地圖書館，從一個手冊中查閱了一系列大學。倫敦、牛津和劍橋處於我的範圍之外——我甚至從未考慮過它們。我所選擇的是我認爲起碼有可能對我感興趣的地方。因此，我申請了諾丁漢、雷汀和赫爾。我

立刻就被前兩所大學拒絕了。然而，赫爾大學當時正在嘗試與各種各樣的人面談，甚至包括學歷並不特別出色的人。我參加了面試並被錄取。這件事回憶起來似乎也是人生小小的謎之一。我到赫爾大學去攻讀哲學，面試主持人也許對一個事實印象深刻，即我實際上已經讀過一些哲學書籍。

結果，我實際上沒能攻讀這一學科的學位。赫爾大學的哲學系很小，主要講課教師那一年度又不在本校。因此，我被迫尋找另外一個學習課題。我被轉到心理學系，但卻被告知，我在學習心理學的同時，還必須學習社會學。我當時根本不知道社會學是什麼。但是我很幸運。彼得‧衛斯理（Peter Worsley）當時在赫爾大學教社會學。他後來到曼切斯特大學擔任社會學教授。他是一個能給人啓發的人，著作等身、生氣勃勃，並且積極參與政治。出於反常的欲望，我是我們這批學生中惟一沒有參加社會主義學會的一個。所有其他的人，像彼得本人一樣，都自我標榜爲社會主義者。我同情這些政治觀點，但給我印象更加深刻的是衛斯理的智慧和淵博的學識。衛斯理不僅是社會學家，而且是人類學家；他總是採用具有強烈比較性的教學方式，引用來自形形色色社會的實例。在他影響下，我開始對這一學科的內容有所了解後，就把學習重點從心理學轉向社會學。然而，學術上的這種大雜燴對我是有益的。我迄今仍然廣泛閱讀心理學和人類學方面的著作，而且我從來都不像一些人那樣有學術上的門戶之見。

來到之後我發現，赫爾對我來說是一個全新的地方。在此
之前，我從未到過英格蘭北部。雖然赫爾並不是一個孕育
工業革命的地方，但是我在約克郡所逐漸熟悉的許多其他
城市和村莊卻是如此。我第一次見到在丘陵上綿延起伏的
密密麻麻的工人住的小屋，這對我是一種啟示。在我眼中，
這些工業村舍像我從那時以來所訪問過的世界形形色色的
其他地方一樣，具有異國情調。我確信，這影響了我後來
在社會學中形成的觀點。所有這些我看作工業革命顯著形
式所具有的奇特性和廣泛內涵，我的印象都很深。

赫爾本身則不同。它仍舊是一個漁村，儘管該行業當時已
經嚴重衰敗。我實際上很欣賞這個城市。熙熙攘攘的港口
具有其獨特的生機。我們經常到漁民們娛樂場所酒吧去。
像約克郡的礦工一樣，漁民們也是因共同的職業而同舟共
濟的一個重要實例。漁業像礦業一樣，具有極大的危險和
辛勞，而且充滿同樣的儀式和規定。從事危險職業的人們
具有各種各樣的神祉和迷信，這些東西往往構成他們生活
的重要內容。漁民們的許多信念和實際做法同衛斯理在課
堂上引用的人類學課文如出一轍。捕魚是一種具有強烈互
助性的生活方式。漁船雖相互競爭著捕魚，但它們有一種
強烈的團結意識。

漁民們有可能長時間出海。漁民們的妻子往往具有很強的
獨立性，因為她們實際上是依靠自己的能力來撫養家庭。
父親在照料子女方面所起的作用很小。不出海的時候，大
多數男子的夜晚都是彼此相伴度過的。在我看來，認為父

親在養兒育女方面的角色曾經比現在重要得多的想法基本
上是神話。我自己的父親同樣經常外出；因爲他上班的路
程就得花一個半小時，所以他每天早出晚歸。

皮：從赫爾畢業後發生了什麼事？

紀：我前往倫敦政經學院（LSE）攻讀更高的學位。這是一個典型
糊塗的決定。我那時對倫敦政經學院了解很少。我當時雖
然有了一定的學術抱負，但我最初所青睞的是曼徹斯特或
牛津。衛斯理建議我倫敦政經學院。我接受了他的指點。
我沒有註冊攻讀博士學位，而是攻讀碩士。我當時並沒有
真正考慮追求學術一灘。我所想的適當場所。我所讀的碩
士學位課程主要建立在一篇畢業論文基礎上。而我實際上
最後撰寫了一個篇幅於博士論文的文章。我必須坦白，我
並沒有十分嚴肅地對待它，因此，我所論述的是一個娛樂
話題，名稱是《體育運動與當代英國社會》（*Sport and Saiety
in Contemporary England*）。我並非十分誠意地接受了這一
論題，但它實際上十分吸引人。我主要考察的是19世紀英
國體育運動的發展。英國是工業革命的大本營，也是我後
來將其與現代性普遍聯系在一起的巨大變化發源地。它還
是後來在全世界普遍受歡迎的許多運動項目的起源地。
我認爲這其中的關鍵並非偶然。大多數現代體育基本上都
是19世紀和20世紀初的發明。足球、橄欖球、曲棍球、網
球和另外一些體育運動項目，其歷史雖久遠，但它們直到
19世紀才具有了今天的形式。利用援引自韋伯的概念，我
試圖表明，體育運動變得合理化了。體育運動不僅有固定

的競賽場地,而且還產生了規則與規範,這些東西都是它們從前基本上沒有的,體育運動在此之前要簡陋得多。一些競賽項目,比如草地網球,實際上是由個人發明的。真正的網球,即庭院網球,在此之前已經存在了幾個世紀,一個名叫溫菲爾德(Wingfield)的上尉首先為草地網球這個新的競賽項目制訂了規則,此後,草地網球迅速成為「網球」,取代了其他形式的網球。

我還試圖把體育運動與休閒的發展同階級的劃分聯貫起來。勞工階級的體育運動項目往往具有很強的競爭性和職業化。中產階級體育則滲透著業餘精神,貶低了競爭性:例如,英式橄欖球聯會就沒有聯賽。我認為說,體育運動的這些不同反映了截然相反的工作環境。工人階級的工作崗位是不提供事業上升遷機會的;工人撈到好處的唯一途徑是通過合作和集體工會的壓力。與此相對應,在體育方面,他們便尋求一種激烈競爭的個人主義。中產階級的職業則恰恰建立在帶有濃厚個人主義色彩的競爭基礎上;因此,在工作之餘,中產階級體育就強調同事之間的平等與合作。在研究體育的過程中,我再次被吸引到儀式的主題上。對許多人來說,體育競賽是唯一尚存的發泄舊式宗教意義上的情感的機會,所有體育賽事都是一種儀式。

皮:你在倫敦政經學院的早期經歷如何?現在回到那裡當院長有沒有奇怪的感覺?

紀:我是在學院的社會學系就讀的。頭一年我的導師是大衛・洛克伍德(David Lockwood)。他當時在社會學界剛剛成名。

洛克伍德曾經與拉爾夫·達倫道夫(Ralf Dahrendorf)密切合作。實際上,他倆在校內開辦了一個著名的「晚間研討會」。其中一些研討會在我到來之前已經舉行。達倫道夫在其名著《工業社會中的階級與階級矛盾》(*Class and Class Conflict in Industrial Society*)的獻詞中就提到這些講座。達倫道夫當時已經就「非熟練工人」問題撰寫了一篇博士論文。那時達倫道夫已經是一位傳奇式人物。傳說他的倫敦寫得多麼快,他是多麼能幹,他的頭腦是多麼具有獨創性等等。洛克伍德自己也就中產階級問題寫過一本名著,書名是《黑衣工人》(*The Black Coated Worker*)。他要我也研究類似的問題。對我著迷於體育的社會學,他是悲觀的。在該學院的第二年,我的導師是亞瑟·托普(Asher Tropp)。他的研究主要涉及職業,特別是教師職業的社會學。洛克伍德和托普都對我持支持態度,但卻都不將我認真看待。這並不令人吃驚,因為我是在具有充分自我意識的情況下做著一個「遊戲式的」議題。

我的確完成了論文,但我並沒有發現倫敦政經學院是一個特別宜人的環境。我漏掉了許多東西。我從未充分利用那裡享譽世界的一系列知識界人物。後來我才發現該學院中蘊藏著豐富的知識財富,我開始閱讀巴柏(Popper)、歐克秀(Oakeshott)、馬歇爾(Marshall)等人的著作。那時,就連教授們也是可望不可即的人物,更甭說院長了,我從未見過他的人影。倫敦政經學院對我來說是白費了功夫。因此,我現在想盡自己所能,確保這種情況不發生在別人身上。

位於一座大城市中央的一所大學必定是一個人們熙來攘往的地方。必須作出特別的努力，以使這一環境讓學生們感到舒適。畢竟，同任何其他高等學府相比，那裡學生的背景五花八門。

皮：你顯然沒有成為一名公務員，你是怎樣開始學術生涯的？

紀：像生活中的許多大事一樣，這是以一種很平凡的方式發生的。人們在作出重大決定的時候往往是不假思索的，而對微不足道的困境卻斤斤計較。我當時仍計畫躋身公務員隊伍，但托普提到萊斯特（Leicester）大學廣告中的一份教授社會學的工作。他暗示我或許有一個機會，我就不假思考地申請了。我並不真正打算去，即使我獲得這份工作，我只是想要親身感受一下面試。

面試本身，或者說正式面試之前的非正式面談，使我改變了主意。這次非正式會面是兩同位非常有趣的男士進行的。他倆我以前都沒有聽說過，都操著濃重的中歐口音。他倆開門見山地談起了體育運動的社會學。與倫敦政經學院的所有人不同，在某種程度上來講甚至和我也不一樣，他倆看來真的對此認真以待。實際上，他們論述之妙趣橫生，是我望塵莫及的。這次所謂的非正式面試的很大一部分，都是他們與我之間的一場對話，我則成了一個感興趣的聽眾。

這兩人一位是伊利亞‧紐斯達特（Ilya Neustadt）他當時擔任萊斯特大學這個系的系主任，他的創建使該系在一段時間裡差不多成了全國的社會學中心。另外一位是諾伯特‧伊

里亞斯(Norbert Elias)。他倆都曾在倫敦政經學院待過一段
時間，但都沒能在那裡獲得永久性的教授職位。伊里亞斯
在萊斯特只占據著一個初級職位(Unior Positian)。我剛去時
候，他在英語國家的世界中根本不知名。他的那本現在很
有名的書——《文明的過程》(*The Civilizing Process*)——
當時還沒有譯成英文，在德國也不大流行。我記得它最初
出版於1939年，那個年代對一部有關文明進展的著作來說
真是時運不濟。

儘管伊里亞斯當時可能並不知名，但他的行為卻好像他是
一位世界著名的學者——他後來的確如此。他教我領略了
獻身精神和堅持不懈的價值。如果你像我一樣才能較低，
你是能夠彌補很大一部分差距的，做法僅僅是把更多的時
間用在你所選擇的工作中，堅持到底，克服難關。保羅・
紀提(Paul Getty)說：「我的成功方法是早起、一直工作到
很晚，還要探勘到石油。」換句話說，單單有清教徒倫理
是不夠的——還需要運氣。有伊里亞斯作為一個榜樣，這
是我當時的幸運之處。我在萊斯特大學探勘到了石油，起
碼可以這樣說。

伊里亞斯比這所大學裡的其他人都勤奮。他還對文化如數
家珍——他是社會學家、歷史學家、人類學家和法學家。
雖然他並不是韋伯的化身，但是在我看來他是很接近於韋
伯的。伊里亞斯的思想對我影響很大，儘管我是在回顧往
事的時候才意識到這一點。我從來都沒有被說服同意《文
明的過程》一書的核心論點，以及作為這一論點基礎的半

弗洛伊德式的壓抑理論。但另一方面，在我看來，伊里亞斯強調發展過程和社會生活的開放性及不可預料性，這是完全正確的。

皮：是什麼使得萊斯特大學的社會學系如此出類拔萃？

紀：部分原因是堅持一種比較的和發展的觀點。紐斯達特和伊里亞斯都持這種觀點。萊斯特大學的社會學與以英國爲中心的費邊思想傳統迥然不同，而後者在倫敦政經學院拜占主導地位。萊斯特大學吸引並培養了眾多年輕的社會學家。他們大多致力於發起當時還很新的一些課題，除了在該學科具有較長傳統的少數大學之外。紐斯達特和伊里亞都很注重社會理論，認爲這遠遠超出了社會學本身的範疇——我也持這一觀點。那時萊斯特大學有很多能幹的技術性研究人員。但社會學系從未被一派或另外一派所主宰。因此，那裡不斷發生活躍的辯論。

實際上是在這一時刻，我才開始獻身於學術生涯，著手追求從那時以來一直使我著迷的興趣。我開始探索所有社會科學中範圍廣泛的理論問題，並且重新拿起書本，閱讀哲學。我漸漸把社會學看作是以一種特別有趣的方式，在研究方法上具有挑戰性的一門學科。你肯定知道那個老笑話：「社會學是對人的研究，而作爲研究對象的人們並不需要這種研究，從事這種研究的人們卻是需要的。」我當時，而且現在仍然對這種暗含的批評採取認真的態度。我們不要使社會學和其餘的社會科學成爲多餘的，而應當認識到，社會科學同其研究對象，即人的社會活動的關係具

有反思性。

皮：你後來為什麼離開萊斯特大學？

紀：我獲得了在北美洲度過兩年的機會。我先去了溫哥華的西
蒙‧弗雷瑟（Simon Fraser）大學，後來去了洛杉磯加州大學。
這些經歷對我思想的形成產生了很大影響。在溫哥華，那
所大學充滿了不滿情緒。我的關係最親密的同事之一是柏
克萊的自由論壇運動（Free Speech Morement）的一位領袖人
物。同他和他周圍另外一些人的會面使我第一次接觸了北
美洲激進民粹主義（populist radicalism）。在歐洲，我們習慣
於見到自稱為「激進派」（radicals），但除了其政治活動之
外卻基本上過著普通人生活的人們。那時的北美激進民粹
派的冒險性則強烈得多。對他們來說，激進主義必須包括
生活的方方面面。著名社會學家湯姆‧伯托莫爾（Tom
Bottomore）在那裡擔任系主任。伯托莫爾是一位歐洲風格的
激進派：他持有左翼色彩濃厚的信念，但他的生活方式卻
完全是一般資產階級的。他與其他人之間發生了激烈的交
鋒，因為他們認為，他的態度是虛偽的。

我在溫哥華度過了9個月，在洛杉磯過了大約18個月。在
1968年到1969年這十分重要的一年裡，我在洛杉磯加州大
學任教。當時那裡所發生的事使英國發生的政治對抗如同
小巫見大巫。到達洛杉磯的第一天下午，我到海灘去散步。
我本以為那裡會沒有人影，但那裡卻擠滿了人，景象十分
驚人。當時歐洲還沒有人聽說過嬉皮。但在加州，另類
（alternative）的生活方式運動方興未艾。海灘上如同羅馬帝

國滅亡時的情景，各種奇異的色彩交織在一起。人們的服飾如同聖經中的人物，至少在一個從未遇到嬉皮的人看來是這樣。沿海灘停放的是國家政權的全副武裝：長長的警車車隊，從其中幾輛車的窗口中伸出來的是一挺挺機槍。形形色色的運動興起了，包括大規模的反越戰運動。這是一個社會大實驗的時代。我到達洛杉磯後不久就與一位同事熟識。他主要是一位數學家。他也是人們所能想像到的最循規蹈矩的人，或者表面看來是這樣。他是典型的、坦蕩的美國人。有一段時間大約三個月，我沒有見到他。一天，我正在穿過校園，突然見到一個消瘦的、像耶穌模樣的人，留著長髮和鬍鬚，向我走來。他停住腳步向我問好的時候，我才認出他是我的數學家同事。他那時已離開家人，離開大學，搬到新墨西哥州的沙漠上，遠離塵世，生活在一個公共社區裡。在當時他並不是怪異的。多年後，我收到他的一封來信。他試圖重新回到學術生活之中。很顯然，他的這種努力不大成功，到那時為止，他已經離開學術界達15年。

在許多觀察家看來，1960年代的各種運動是曇花一現，其影響要麼短暫，要麼像許多右翼評論家現在所說的那樣，具有破壞性。我不同意這些看法。雖然那時發生了很多喪失理智的事情，但是1960年代運動的思想和主題產生了深遠影響。它們使生活方式獲得了一種迄今尚存的流動性；它們所形成的一些道德上和政治上的衝擊雖然最初基本上被視為相當古怪，但是現在卻融入了社會主流，其中包括

注重個人的獨立性、婦女解放、生態問題和推進普遍的人權等。和平運動的一些派別預見到戰爭的終結，但這一觀點當時被普遍認為是荒謬的。然而，它們是具有先見之明的：在我們生活的當今世界上，起碼有很大可能性的是，民族國家之間的傳統大規模戰爭即將消失。這些運動使用馬克思主義的詞藻，但它們卻普遍反共。畢竟，《過時的共產主義》（*Obsolete Communism*）是這個時期最有名的教科書之一的書名，其作者是學生運動積極分子丹尼爾·柯恩·賓迪（Daniel Cohn Bendit）。在不遠的將來，我們完全有可能見到反文化社會運動（ounter-cultural social movements）的重新興起。從表面上看，我們生活的社會毫無另類的選擇。儘管世界上存在著蘇聯式社會，但在1950年代和1960年代初的西方國家，這是普遍的看法。而我並不認為我們已經到達歷史的級點。

皮：你在北美洲生活的時期對你的寫作產生了什麼影響？

紀：我在北美期間只寫了幾篇文章。我寫了有關社會運動，特別是反戰運動的一兩篇評論，在歐洲的報刊上發表。當時種種撼動人心的事件接連不斷地發生，儘管如此，或者作為對此的一種反應，我開始研究社會理論和古典社會思想的起源等相當抽象的問題。我在洛杉磯為這一目的而進行的閱讀形成了我撰寫的第一本書《資本主義與現代社會理論》（*Capitalism and Modern Social Theory*）的基礎。此外，我還在洛杉磯加州大學教授一門課程，這門課包括了這本書中出現的三位主要思想家。由於講授馬克思的觀點，我

遭到了來自保守派的種種敵視。但始終都沒有人打斷我的
講課，而校內另外一些教師卻有這種遭遇。

皮：後來你回到了英格蘭？

紀：我回來了，但在此後的幾年裡，我經常返回加州。全部算
起來我在那裡生活的時間占很大比例。即使今天，雖然社
會保守主義影響很大，但是同歐洲相比，在日常生活的水
平上，加州在許多方面仍然帶有較爲濃厚的試驗色彩。
回來以後，我想離開萊斯特大學深造，就是在這一時刻，
我去了劍橋。我取代了約翰·葛登索普（John Goldthorpe）。
他當時與大衛·洛克伍德（David Lockwood）和另外兩位同
事一起合著了《富足的工人》（*The Affluent Worker*）研究報
告，從而在國際上小有名氣。葛登索普轉到牛津大學的紐
菲爾德學院，他至今仍在那裡。主要是在他支持下，我承
接了他的職位，不僅承繼了他的講師職位，而且還步他的
後塵，成爲國王學院的研究員。像葛登索普一樣，我最初
在經濟學系中任教。在許多年裡我一直都是他們當中的一
員。社會學像政治學一樣，當時在劍橋是沒有地位的。在
我來到劍橋前後，社會科學教學第一次被組織起來，置於
一個委員會控制之下。這個委員會稱爲社會和政治科學委
員會。但它在教學工作中毫無地位。

皮：你當時對劍橋的態度如何？它一定具有與萊斯特不同的風
氣，同時肯定與南加大截然不同。

紀：它當然與這兩者都不一樣。我發現這個適應過程很困難，
但從一開始，我就很珍視劍橋大學所提供的大量時間和資

源。我認為,在那裡度過的漫長時期的絕大部分時間裡,我都是多產的。例如,1970年代初,除了《資本主義與現代社會理論》(*Capitalism and Modern Social Theory*)外,我還撰寫了《先進社會的階級結構》(*The Class Structure of the Advanced Societies*)、關於韋伯政治著作的一篇研究報告,翻譯和主編了涂爾幹的一個文集,撰寫了一部帶有涂爾幹式名稱的方法論著作:《社會學方法的新規則》(*New Rules of Sociological Method*)。

到此時,我已經制訂了一項全面性的計畫。這項計畫後來花了我很長時間,我迄今實際上仍在從事這項工作。我想做三件事:提供對社會思想史,特別是19世紀和20世紀初的重新解釋;改造社會科學的邏輯與方法;以及對現代機構和制度的出現作出分析。

皮:你說你在適應劍橋大學方面遇到困難。你能多談談這個問題嗎?

紀:劍橋基本上由來自牛津與劍橋背景的人們所把持。那裡的大多數人都起碼在牛津或劍橋獲得了一個學位,不論是本科的,還是研究生院的。沒有多少像我這樣完全來自外面的人。因此,我全然沒有社交的基礎。1970年代初,我的研究課題是特權階層與權力。在研究中使我吃驚的是這種世世代代的異常連續性,這些人先是上公校(public schools),然後進入牛津、劍橋,從那裡進入政府、外交部門、法律部門或者其他歷史悠久的行業。最好的公校的樓房很像牛津、劍橋學院的模樣,而後者則又酷似其他各種各樣的權

力殿堂。就連一些細節也很相似。在劍橋的學院裡,每位
研究員的名字都在學院樓梯入口處以手寫體標在木牌上。
公校和像法律學院這樣的地方的情況也是如此。人們幾乎
能夠假設,在所有這些學府書寫這些標識的都是同一種
人。

此外,那裡過去和現在都與牛津劍橋以外的大學體系不
同。我教授社會學這件事本身就不得不進行一番苦戰。社
會學在當時被普遍認為既索然無趣,又很危險。社會學當
時實際上沒有任何學府作為其大本營。它在經濟學系之
中,以一種有限的方式,順利地發揮著作用,但它僅限於
幾門課程。

皮:在你在劍橋的較早年代,你開始廣泛論述歐洲大陸上的社
　會學思潮;你的著作不僅涉及古典作家,而且還涉及歐洲
　大陸社會哲學的當代思潮。這是怎樣發生的?

紀:這有其更為久遠的根源。在我度過在北美洲的時期之前,
　我曾經用兩個暑假時間在巴黎研讀。我還花了一段時間學
　習閱讀德文,目的是研究馬克思和韋伯著作的原文。我的
　閱讀範圍並不僅限於這些作者本身,我還閱讀有關他們的
　法文和德文評論。通過一些評論家,比如法國社會學家雷
　蒙・阿宏(Raymond Aron)的文章,我開闊了視野,接觸到
　一系列其他的當代著作家。我開始閱讀屬於經書詮釋學
　(hermeneutics)傳統的著作。韋伯就屬於這一傳統。我廣泛涉
　獵馬克思主義的文獻和胡塞爾(Husserl)及海德格(Heidegger)
　等哲學家的著作。幾年後,大約是在1970年代中期和晚期,

我重新研究起他們來。我試圖研究這種種思潮可能與英語
國家世界中當前流行思想的關係。當時社會學基本上仍由
美國人所主宰。墨頓(Robert K. Merton)和帕森斯(T.
Parsons)仍舊是人們最常引用的作者。像許多人，包括來自
於新社會運動背景的、批評這些作者的人一樣，我試圖通
過把他們當作評論的陪襯角色來界定自己的學說。為此，
我廣泛借用了歐洲大陸上的思想著作。

皮：你是1984年創立政體出版社(Polity)的發起人之一。是什麼
　　因素使你決定發起這項冒險的？你當時考慮過完全退出學
　　術生活嗎？

紀：沒有，我從未考慮過採取這種行動方案。不論我在劍橋遇
　　到什麼困難，我總是樂於過學術生活，尤其是與學生們朝
　　夕相處。有人在法國著名社會理論家米歇爾‧傅柯(Michel
　　Foucault)生命末期時問他，如何形容自己的特徵；他簡單
　　地說：「一位教師。」我也是這樣看待自己的。傳授知識，
　　特別是給各式各樣的學校群體上課，一直是我生活中極大
　　而長久的樂趣之一。
　　我們創建政體出版社有幾個原因。我的共同創建人是現代
　　「開放大學」(Open University)政治學教授的大衛‧海爾德
　　(David Held)和劍橋大學耶穌學院社會學研究員約翰‧湯姆
　　森(John Thompson)。海爾德和和我已經是其他出版社的叢
　　書編輯。然而，作為這種編輯，對出書清單是沒有多大控
　　制權的。我們想，與其為別的出版商工作，我們不如試著
　　建立自己的出版社，來為自己工作。我們還想進行政治性

和文化性的介入。自從創建以來，政體出版社的目的之一一直是爲英國與歐洲大陸思想之間作中介，我個人在自己的書中所努力做到的正是這件事情。我們有點冒昧地認爲，同老牌學術界出版商相比，我們能做得更好一些，因爲他們在對手稿作出判斷之前，必須拿出去讓學術界人士作出評估。由於我們能夠直接閱讀和評估手稿，所以我們處於十分有利的地位，能夠比他們更快地作出決策，而且是更加內行的決策。

皮：從那時以來，政體出版社已經躋身全世界社會科學和人文學科中最著名的出版商行列。但是，你們是怎樣將它發展起來的？

紀：我們與幾個出版商接洽，試探他們是否有可能與我們合作創業，由他們出錢，我們出知識資本。我們所最感興趣的，也是對我們最感興趣的公司是布萊克維爾（Blackwell）。布萊克維爾爲創業籌募了資金。政體出版社是一個單獨的公司，由一個控股公司與布萊克維爾公司相聯繫。我們認爲，政體出版社已經辦成了我們最初想辦的許多事情。我們每年出版大約70到80種圖書。我們翻譯了大量歐洲主要語言的書籍。政體出版社的強項是社會、政治和文化理論等領域。

皮：政體出版社差不多是在你被任命爲劍橋大學社會學學會會長的同時創建的吧？

紀：我是1987年被任命爲會長的。這對我來說是一個重要轉折點，因爲它使我在這所大學內的影響力大大提升。獲得會

長職位使我感到高興和解脫。在此前的大約10年裡,我曾
經有9次被拒絕提升爲高級講師。我認爲這是一個紀錄,直
到最近才被別人打破。我被任命爲會長的一個結果是,我
能夠獲得支持,以便在劍橋爲社會科學創造一個較好的制
度框架。社會和政治科學系是1988年建立的。就我所知,
它是半個多世紀以來在劍橋建立的第一支新的學術力量,
它是在大家討論許久之後才通過的。

皮:1997年初,你走馬上任,擔任倫敦政經學院院長。你在劍
橋待了這麼久,爲什麼決定離開呢?

紀:我認爲,學術生涯中沒有任何別的職位會使我如此義無反
顧。儘管在這個學院做學生的時候我並不十分愉快,但是
正如我在前面提到,我早已認識到這座學府的極高素質,
及其不僅在學術生活,而且在政治和經濟生活中的重要
性。我沒有過多考慮,就離開了劍橋。

皮:你希望爲倫敦經濟學院有何作爲?

紀:我希望幫助推動該學院走向新的黃金時代,確保它對世界
產生實在的影響。倫敦政經學院已經存在了一個多世紀,
它在人們眼裡是一座以合乎實際的方式爲世界的進步作出
貢獻的學府。它歷來都是這樣做的,而且與許多人可能認
爲的相反,它從來都不是一座帶有黨派色彩的學府。它從
創立以來一直都對左右兩翼的思想家兼收並蓄。二次大戰
後,它影響了兩個連續的社會和政治變革階段。正是在那
裡,有關戰後福利國家的一些基本思想和政策得到深入闡
述。克來門・艾德禮(Clement Attlee)曾經在此任教。威廉・

貝弗奇（William Beveridge）也曾當過一段時間的院長。在知識性較強的一級上，陶尼（Tawney）、提穆斯（Titmnss）和馬歇爾（Marshall）等人發揮了帶頭作用。

1960年代末和1970年代初興起了新社會運動，倫敦政經學院就是圍繞它們所展開的一些對話和抗爭的場所。比較鮮為人知的是，隨著柴契爾主義（Thatcherism）的崛起所爆發的政治上的「反革命」，倫敦政經學院也是構成其要素的一些重要思想和決策的來源。柴契爾夫人所鍾愛的經濟哲學家海耶克（Friedrich von Hayek）曾經在此任教。依我看來，我們現在正處於第三階段：倫敦政經學院在制訂解決我們所處新世界的問題的對策方面，應當發揮重要作用。我的意思並不是僅限於政治意義。正如我們在後面將接著討論的那樣，我們生活在一個社會、政治和經濟巨變的時期中。這個時代要求在政治、經濟和日常生活等各個方面採取新的對策。我希望使倫敦政經學院不僅成為一個研究中心，而且成為一個對話和辯論的中心，讓它在對我們的時代所作出的診斷中發揮作用。

皮：總的來講，大學的前途如何？尤其鑒於新的資料科技的崛起，大學的實際前景怎麼樣？

紀：大學的地位變了，正像知識分子的角色一樣。我初出茅廬的時候，在大學教書被普遍看作一個人所能做的享譽最高的事情之一。今天情況不再是這樣。有幾個原因：一是高等教育的大規模擴展。這意味著教授的地位已經不如從前顯赫。另一個緣故是工商、金融和新聞媒體職業名望的提

高,大學不再像過去那樣受人青睞。一個進一步的因素是,
與以前相比,大學現在不得與不同範圍但更加廣泛的知識
生產者競爭。競爭對手包括智庫、研究機構、調查機構、
企管顧問公司和大眾媒體等。

資訊科技的長期影響仍是無可限量的,在出版領域也一
樣。當然,資料科技擴大了現有研究材料的範圍,大大改
變了學生們的學習方式。新的一代人沒有電腦什麼也幹不
成。但另一方面,我認為,當前有關資訊科技的預測在很
大程度上都是錯誤的。電子通信並沒有取代在限定的地方
與別人聚會的必要性。考慮一下倫敦金融中心本身這個實
例。它是新的全球電子商務的主要活動中心之一。同時,
它也是一個實實在在的地方,集中在一平方英哩範圍內。
在新科技到來的同時,學者和工商業界人士所參加的會議
更多了,而不是更少。人們仍然需要親眼彼此相見。大學
裡的情況也是一樣。舊有大學的一些方面無疑將會改變。
但是,它們的吸引力很可能會隨著新技術到來而增強,而
不是減弱。正如社會學家波頓(Derdre Boden)與莫洛奇
(Harvey Molotch)所說,這是「要求親近的內在強制性」(The
Compulsion of Proximity)。

皮:最後一點:我是否可以要求你就自己知識生涯的推動動機
　　再稍微多談一點?你似乎把自己的生活描繪成一件雜亂無
　　章的事情。但是在我看來,你的學術生活一直都具有一個
　　高度凝聚的核心和堅韌不拔的特性。

紀:我的知識生涯的連續性一直是使我生活的其餘部分凝聚起

來的因素。我的初衷並不是做一名學者。但是，一旦我開
始這種生活，我便發現做學問需要全部身心地投入。我從
一開始就始終不渝地追求同一研究課題。我想要重新考察
古典社會思想以往的發展，為社會科學建立一個新的研究
方法框架，分析現代社會的突出特性。這一切都足以使任
何人忙個不停。

訪談錄之二
社會學經典著作及其他

克里斯多福・皮爾森：也許我們可以不從最初開始，而是從《資本主義與現代社會理論》(*Capitalism and Modern Social Theory*)說起。這本書於1971年第一次出版，它對馬克思、涂爾幹和韋伯的評論一直是幾代大學本科學生的生命線。你在書的前言中說，這三人是為現代社會學建立主要框架的傑出人物。跟我們談談你開始就他們的觀點進行寫作時的背景。

安東尼・紀登斯：我寫這本書的時候，帕森斯是解釋社會思想史的最重要人物。眾所周知，在他的主要著作《社會行動的結構》(*The Structure of Social Action*)中，幾乎隻字不提馬克思，實際上也根本沒有引用馬克思著作的任何原文。特殊地講，他對社會學的出現及對社會理論的發展；帕森斯都有獨到的見解。他認為19世紀和20世紀初有兩個發展階段。到1880年代為止的時期居於主宰地位的是社會學的先驅者，比如孔德和馬克思。此後的一代人創造了一種新的和

恰當的社會學性質綜合物。這種思想當時影響很大。那時往往有一種分歧，其中一派是傾向於馬克思的馬克思主義者，另外一派是主要相信涂爾幹和韋伯的其他社會學家。我試圖把這三位人物揉合在一起，在一部書中對他們一視同仁。後來，人們普遍接受的是把馬克思、涂爾幹和韋伯相提並論，稱之為「社會學的三位經典創始人」（the three classical founders of sociology）。但我寫這本書的時候情況卻不是這樣。我的寫作目的是左右開弓，一方面反對這樣一些人：他們認為馬克思是一切，馬克思主義從某種意義上來講揭示了真理，對「資產階級社會學家」（bourgeois sociologists）則是可以不予理睬的，另一方面，我的目的在於反駁帕森斯式的觀點，即馬克思屬於社會理論發展中的一個較早階段，這一階段基本上已經被涂爾幹和韋伯所取代。我還想對這些思想家當中每一位思想的出現賦予更多的歷史背景。

皮：我很想探討你對這些創始人物的持續重要性的看法。我們或許可以從涂爾幹說起。在一些評論家看來，涂爾幹首先是同實證主義（positivism）等思想聯繫在一起。這就是認為社會科學能夠模仿自然科學的方法和預測能力。其次還有功能主義（functionalism），即認為對社會制度，可以用它們在社會再生產方面的功能來解釋。除很少的例子之外，這些看法現在被視為每一位學問高深的社會學家都想迴避的幼稚斷言。這是對涂爾幹傳統的公正評判嗎？

紀：哦，我認為你大概需要歷史性角度來看待這個。帕森斯的

解釋相當重要，因爲它爲涂爾幹著作和他的主要目標建立了某種主題。應當記得，那時，即25年前，涂爾幹的研究成果並不爲英語國家的社會學家們所熟知。雖然大多數主要著作翻譯過來了，但是某些較爲有趣和實際上很重要的著作卻沒有。例如，來自於稱爲 *Leçons de sociologie* 的法文著作（後來被譯爲《職業道德和公民倫理》〔*Professional Ethics and Cilic Morals*〕）的一些材料、有關道德教育的一些著作和來自於 *Année Sociologique*（《社會學年報》）的一些論文，都是後來才譯出的。因此，對涂爾幹的研究水平並不高，直到英國社會理論家盧克斯（Steven Lukcs）繼帕森斯之後撰寫了我所認爲的有關涂爾幹的至今仍然是定義性的詮釋。

帕森斯認爲，涂爾幹以實證主義觀點爲開端，後來逐漸擺脫了這種觀點，向韋伯和巴列圖（Pareto）靠攏。他倆是帕森斯在《社會行動的結構》（*The structure of Social Action*）中所討論的其他著作家。我從來都不認爲這一觀點令人信服。我過去爭論，現在仍舊認爲，像任何主要思想家一樣，涂爾幹的著作中有幾個組成部分。他從來都沒能有效地使它們一體化。在他寫作的早期，他曾經談論「把社會事實視爲一事物」，此外當然還有他在《社會學研究方法的規則》（*The Rules of Sociological Method*）中對功能主義的論述。但是，若追溯到涂爾幹最早的評論文章，即他最早的著作，他已經開始分析道德意識。他所談論的是有關精神的事物，如道德倫理等等。這些東西似乎從一開始就存在。

同那些把他看作「功能主義的」或「實證主義的」人們所認識到的相比，他從一開始就是一位較爲複雜的著作家。他始終意圖使這些不同的觀眾相互和解。一方面，他想要以一種有條不紊和嚴謹的方式來對待人的社會生活，在這一限度內，他的做法很像孔德的實證主義哲學，試圖產生某種像社會實證科學的東西。另一方面，從其最早的著作開始，涂爾幹始終闡明，人的意識、道德、精神世界等，與自然界的事件是截然不同的。雖然我們或許能夠採用相似的邏輯和方法來對待人類的行動，但是實際的研究課題顯然是很不一樣的。我認爲，從任何粗略的意義上講，他從來都不是一位實證主義者，如果這意味著自然科學和社會科學從某種意義上講是相同的，或者不必承認兩者的區別。他開始時就宗教問題進行寫作，後來又回到這一主題。宗教幾乎不能被視爲「自然力量」，因爲它十分注重倫理和精神的東西。

我在《資本主義與現代主義理論》一書中，試圖把涂爾幹的著作置於現代社會發展的背景下。大多數別的寫他的人實際上並沒有這樣做。我尤其感興趣的是他對現代個人主義的崛起、現代個人主義與不平等的關係、團結一致的問題和兩種團結形式之間的過渡等的分析。所有這些問題今天都仍然是相干的。例如，如果你考察一下社群主義（Communitarianism）及其主要倡導者艾茨奧尼（Amitai Etzioni）的著作，它們恰恰複製了涂爾幹的主要論題：自由和個人自我發展的一個條件是建立一個允許創造這些素質的社區

或社會。這些素質並不是人的狀況中所固有的。涂爾幹認為，社會凝聚力由於個人主義的崛起而變成一種問題意識——現在在社群主義旗幟下重新討論的正是這個問題。在其中一些問題上，涂爾幹的著作仍然顯得很新穎。

皮：涂爾幹在當代思辨中很有影響嗎？抑或僅僅是這兩者之間有某種平衡？

紀：哦，他的影響並沒有達到應當達到的程度。關於社群主義的辯論來源於兩方面。一方面是受查理・泰勒（Charles Taylor）等人左右的有關自由主義的哲學討論。另一方面是艾茨奧尼所確定的較為注重政策的議論。這兩個集團都沒怎麼提到涂爾幹。可以說，把這些問題聯繫在一起的唯一一個人是丹尼斯・朗（Dennis Wrong）及其《秩序問題》（*The Problem of Order*）一書。

皮：涂爾幹著作中還有什麼別的令人持續地感興趣的東西？

紀：涂爾幹對現代以前的社會向現代社會的過渡問題有一個引起爭論的理論，外加他對現代特徵本身的詮釋。涂爾幹有關機械性的一致和有機體的團結之間的對比是無止境的——它基本上是一個有關社會複雜性增強的理論。他還研究出了一個與此相聯繫的不平等理論。雖然傳統社會的確造成不平等，但是這種不平等若得到控制，若社會流動性水很高，不一定必然會破壞社會的凝聚力（他贊成實行全面的遺產稅）。隨著馬克思主義的沒落，這些觀念又再度流行了起來。

皮：你認為還有其他領域涂爾幹比別人更讓人印象深刻嗎？

紀：涂爾幹的一個十分重要的主題是道德個人主義。它與社群
　　主義和另外一些與家庭相關的當前討論有關。涂爾幹對現
　　代道德的性質有一種特殊概念。一個社會要想存在，就必
　　須有道德秩序。但是，傳統的道德實際上不能起社會黏合
　　劑的作用，而將現代社會維持在一起。舊的社會思想變得
　　過時了。人們現在再次就傳統家庭和社會的復興進行爭
　　論，這可以說是張冠李戴。在一個以高度個人主義爲特徵
　　的、分工十分複雜的社會中，我們無法重新獲得社會集體
　　或傳統的家庭。我們需要某種別的道德框架。涂爾幹聲稱
　　他在法國大革命的論理中找到了這種框架。我們能夠擁有
　　這樣一種道德：它不僅具有社會性，從某種意義上講具有
　　集體性，而且承認個人自由的重要性。

皮：可是，現在的這種辯論有許多表達了對任何一種道德權威
　　的懷疑，這種不疑情緒在涂爾幹著作中實際上並沒有以相
　　同方式存在，這是真的嗎？

紀：不是。目前的主要傾向是認爲社會道德已經淪喪。右翼的
　　希梅爾法伯（Gertrude Himmelfarb）等人就這樣斷言。從某種
　　意義上講，這也是艾茨奧尼的看法。我們患了「自由失序
　　症」（disorders of freedom），權利太多，義務　不夠。不管
　　人們對此如何理解，它都與涂爾幹作爲核心人物的上個世
　　紀的辯論很相似。

皮：我很想知道，以涂爾幹而言，對建立某種道德秩序的能力，
　　實際的懷疑情緒是否有所減輕？現代形式的個人主義所產
　　生的問題無論是什麼，涂爾幹看來都確信，通過社會手段，

某種道德秩序能夠產生。許多評論家現在越來越懷疑，認為這實際上是根本不可能的。

紀：涂爾幹所設想的是一種世俗的共和制國家，這種國家承認人權和個人自由的核心重要性，但是同時，它也是相當堅固地團結一致。他認為這些東西是相輔相成的。現在確實有一些人懷疑這一點。社群主義者懷疑它，他們所質疑的是你也許會稱之為民主的一種程序模式；他們想使國家的立法較為直接地涉及家庭和其他道德問題。他們不願接受涂爾幹的立場，儘管涂爾幹所說和公社群主義的看法之間，有著明顯的聯繫。譬如社群主義對自由市場理念的批判。涂爾幹所批駁的一種觀點是，市場是萬能的。馬克思以一種不同方式同樣對此特批判態度。很少有人想到，這個問題在20世紀末，又會以如此姿態捲土重來，變得這麼重要。一些人甚至認為，我們回到了與19世紀末相像的一個世界中，恢復了市場社會、儘管這並不是我的觀點。

皮：我們也許可以接著談談韋伯了吧？你在《資本主義與現代社會理論》一書中所討論的三個人物當中，韋伯也許是聲譽看來穩固的一個。他的方法論承認自然科學與社會科學解釋之間的差別。他的研究重點是對現代特徵至關重要的合理化和官僚主義過程。他看來認識到權力的核心地位和暴力的潛質，他持悲觀看法，尤其是對社會主義的前景。我有幾個問題要問。第一，你認為韋伯對20世界社會學最長遠的貢獻是什麼？

紀：在韋伯的問題上，也需要以了解他的研究背景為開始。就

總的策略和與政治的關係而言，韋伯所試圖完成的工作與
涂爾幹很相似，但其國情卻迥然不同。涂爾幹試圖從社會
學角度捍衛自由主義。韋伯企圖做到的事情與此相似；但
是，他的背景和國情是，自由主義力量薄弱，中產階級的
規模也很小。他從社會學角度為自由主義辯護的努力與涂
爾幹完全不同。儘管如此，他倆都試圖說明，在自由民主
制度仍處於形式過程中的國家裡，這種制度成功的條件。
韋伯像涂爾幹一樣，潛心研究個人主義與集體力量之間的
關係。但他在這些問題上所採取的做法是不同的。他給國
家所下的定義與涂爾幹的形成對比。在韋伯看來，國家所
依仗的實力和領土。同涂爾幹學說中的任何東西相比，這
其中的尼采式（Nietzschean）色彩都要濃厚得多。涂爾幹主要
是從道德角度來看待民主的，而在韋伯看來，民主所涉及
的權力的動員與遏阻。

至於韋伯的最長遠的貢獻，就是他所涉足的對文明的比較
研究。韋伯大概是第一位與以歐洲為中心的世界觀相決裂
的主要思想家，而馬克思卻基本上仍持這種觀點。韋伯破
天荒第一個試圖把西方文明看作眾多文明當中的一個，認
識到文明之間的衝突對整個世界的歷史來說帶有根本性。
現在，杭亭頓也在講類似的話。雖然我並不贊成杭廷頓的
觀點，但是認為不同的文明採取不同的發展道路這種全球
觀點現在與那時一樣具有重大意義。

皮：在政治學中，韋伯經常被認為是一位奠基者，這主要是因
為他對國家、權力和暴力性質的看法。你有時曾經暗示，

社會學家一般都容易忽視這些問題。

紀：韋伯是一位政治思想家、經濟史學家和法學理論家。他並不儘儘是一位社會學家；他是十分不情願地搞起社會學來的，他在自己學術生涯的很晚時候才開始使用這個詞。他最初是把這個詞與他所厭惡的人，比如沙菲爾（Schäffle）和孔德聯繫在一起的。對於這些思想家，韋伯是看不起的（儘管涂爾幹是羨慕）。韋伯的著作剛剛被譯成英文的時候，他主要被視為一位經濟學家或經濟史學家。可以肯定，韋伯的《經濟通史》（*General Economic History*）的譯者陶尼（Tawney）或法蘭克‧奈特（Frank Knigrt）是這樣看的。

皮：我想提出的另外一個問題是，你是否認為「我們現在都是韋伯派」。社會學這門學科現在的主要根基是建立在韋伯的思想，而不是涂爾幹或馬克思等的影響之上嗎？

紀：不，我不這樣認為。韋伯對事物的看法在我看來已經不大有說服力。正如我所說，他主要不是社會學家。他拒絕接受許多社會學家視為基本的那種理論思維。他對社會科學的基本構思是，一方面要研究歷史，另一方面要有使這種歷史註釋敏感化的一系列概念。經濟和社會與其說是一系列的社會學理論，不如說是一套概念。我認為，韋伯對方法論方面的個人主義所持的看法並沒有真正經的住時間的考驗。他的方法論思想雖英明，但卻雜亂無章。他的官僚機構理論被證明是有時間局限性的。世界並沒有以韋伯所預料的方式變得越來越官僚主義。他潛心研究「鐵籠」（iron cage）問題，把它當作現代文明的首要問題，這是不對的。

此外，韋伯聲稱，新教精神或清教徒精神是現代資本主義
的起源，這一點當然也沒有得到證明。這一點現在的可爭
議性同在韋伯所生活的時代中一樣強烈。我傾向於一種觀
點，即較早出現的意大利諸城市，具有後來被統稱爲資本
主義制度的大多數特色，包括對世界的某種態度。因此答
案是否定的，我不認爲可以說韋伯經過了時間的考驗，而
其他人的著作卻沒有。

韋伯的個性是分裂和迫不得已的。他一生始終疲於在思想
和行動、激情和理智、學術生涯和政治生活之間進行調和。
你會發現，這些裂痕在他的學術著作中也出現了。激情和
理性之間的緊張聯繫也許是韋伯生命中的主題，反映在一
系列的個人麻煩和鬱悶之中。他是一個比涂爾幹或馬克思
複雜的人。涂爾幹和馬克思儘管生活中有種種艱難困苦，
但卻都有一項事業使其專心致志。

皮：但是，在馬克思著作中，也有激情和理性之間的拉扯，難
　　道不是嗎？

紀：不對，我認爲不是這樣。馬克思認爲激情和理智是能夠調
　　和的，而韋伯則總是把這兩者看作相互依賴，卻又相互矛
　　盾的。

皮：但是，起碼在一定程度上，這兩者在馬克思的著作中也是
　　相互衝突的，難道不是嗎？馬克思難道不是疲於使一種歷
　　史決定論和激情、能動作用、革命意志的必要性相調和嗎？

紀：馬克思的著作也是複雜的。但他與其說是一個複雜的人，
　　不如說是一位複雜的著作家──他的著作的雜亂性質另有

其來源，包括他從一國到另一國家的移居。眾所周知，他起初受到黑格爾(Hegel)和德國古典哲學的影響，試圖在這一基礎上構築一種激進思想。後來他不得不離開德國。在巴黎流亡的時候，他接觸到了早期社會主義者和共產主義者的著作。爾後他離開法國，前往英國，開始閱讀政治經濟學。馬克思的著作由這些不同的線索構成；他始終沒能使這些來源不同的各種遺產相互調和。

皮：你曾經談到撰寫《資本主義與現代社會理論》一書的背景，從某種意義上講，你試圖對早期社會學的忽略馬克思加以補償。如果我們向前推進到1980年代，你的重點轉移到《歷史唯物主義的當代批判》(*A Contemporary Critique of Historical Materialism*)，從某種意義上講，你對歷史唯物主義進行了解構。但了1990年代，當人們紛紛想要全面拋棄馬克思時候，你卻爭論說，摒棄他實際上是一個錯誤。監於這一發展軌跡，你現在如何評價馬克思的貢獻？

紀：在我撰寫《資本主義與現代社會理論》時候，非馬克思主義者們忽略馬克思，認為馬克思的著作過時了。例如，帕森斯就是這樣認為。由於共產主義的沒落，現在許多人有更強有力的理由重新持這種觀點。但我對馬克思的看法基本上是沒有改變的。這就是，馬克思有關現代資本主義發展問題的許多論述仍然是正確的，包括資本主義企業的起源和性質，以及其周圍的範圍廣泛的社會。而馬克思理論中一直很成問題的是他自以為是自己主要成就的東西——論述未來的社會主義社會將是什麼樣子和它將怎樣誕生。

這一模式的垮台表明了馬克思有關未來社會的觀點的局限性。但是，馬克思關於資本主義四分五裂性質的論述是正確的。資本主義是一個不斷騷動著的制度，它無法靜止下來，在它裡面，肆無忌憚的市場力量往往導致貧富兩極分化，並很容易出現寡頭對市場的控制。我們現在生活的全球資本主義文明並不具有馬克思所預見的那種社會主義抉擇。馬克思主義作為一種計劃已經徹底失敗了，但馬克思的著作對我們仍然是相當切題且引起共鳴的。

皮：馬克思的著作還涉及一種論斷，這就是，不論是否存在向社會主義的過渡，資本主義產生基本上建立在階級基礎之上的社會組織。你認為這種階級觀點是不是也必須拋棄？

紀：把階級矛盾當作歷史的動力來源，這個觀點當然必須拋棄。把階級矛盾當作歷史變遷推動力的思想是不正確的。可是，資本主義的確造成階級間的分裂，這種分裂依然存在。今天甚至可以說，隨著資本主義全球化，階級之間的分裂加重了，儘管這種分裂同馬克思所預言的那種分裂並不完全一致。在經濟發達國家，從事體力勞動的工人階級顯著地萎縮了。然而，在這一階級結構的底部，新的剝奪過程形成了，而在頂端，出現了一個全球範圍的國際富翁階級。

皮：這樣看待事物是不是很吃力？說真的，在當代資本主義這一論題上，我們所談論的當然仍舊是不平等，也許還是得到強化的不平等，其原因是資本主義的全球性和相互不平等的人們之間在生活方式和機會方面的差別。但是，不僅馬克思的階級觀點，還有另外一些人的階級觀點的組成部

分之一，就是認為，這些階級實際形成潛在的政治行動的分野。這並不一定涉及那種目的論點觀，即有一個推動歷史前進的動力來源驅使工人階級這個普遍階級去履行其歷史使命。關於階級的劃分，還有一個世俗和平常的說法，就是它具有政治上的重要性。現在一些人想說，你看，就連這一點也不再適用了。他們聲稱，沒有工人階級，因此也沒有明確的工人階級的政治利益，這種全球資本主義所產生的政治上具有潛在活躍性的階級已不復存在。

紀：我基本上同意這個看法。在出現全球化趨勢，特別是資訊科技飛速發展之前，也就是大約1970年代初之前，西方社會是一個個政治化的階級體系，在其中，福利國家基本上是勞資雙方之間階級力量的一種平衡。從那時以來，由於全球化的不斷強化，資本的流動性使勞工被遠遠拋在後面，使這一平衡失衡了。一旦這一平衡改變，政治上的組合就越來越多地偏離階級間的劃分，福利國家受到巨大壓力。勞工運動在全球性市場面前成為防守的一方，它們的實力顯然受到這些變化的限制。

皮：我想在後一個階段較為籠統地再談全球化問題。我很想知道，你是否認為，以這些被宰制的力量或階級為依據，有採取國際政治行動的可能性？關於這些變化的一種觀點認為，這個國際資產階級（不管這可能是什麼），在其所需要的限度內，能夠相互協調，採取行動，而在這種種變遷面前，實際喪失實力的則是建立在國家基礎上的勞工運動。

紀：不，我認為目前還看不到任何這種全球性抗衡力量，如果

你所指的是一個建立在階級基礎上的、喪失了權利的國際運動的話。我根本看不到任何出現這種情況的根據。資本的全球化，意味著經濟體的基本動力並不是一個發號施令的資本家階級活動的結果。資產階級的國別色彩一直都比馬克思所認為的濃厚得多。沒有人控制著金融市場。

皮：這幅圖畫是不是畫得太大了？按國家劃分的資本家們主要處於對市場力量承受的一端，而不是決策者。可以說，只在一個比較短的時期裡，或許是戰後時期中的25年裡，才有對經濟的協調一致或者說團合主義的管理，這種管理標誌著資本家階級具有了選擇自己想做的事情的能力。

紀：的確如此。我的意思只是說，那時同現在相比，情況比較接近馬克思對階級的描述，儘管馬克思所診斷出的嚴重不平等的因素仍然存在。但是，由於全球化的不斷加強，所以有一個「上流」階級或「資本家」階級，它以某種方式指揮、控制著全球經濟的走勢，任何像這樣的依稀可辨的東西現在都不存在。

皮：我來向你介紹一項馬克思式的替代理論，泛泛地講，可以說它來源於羅莎·盧森堡（Rosa Luxemburg）。就是說，全球化僅僅是資本主義矛盾進一步加深的一個新階段。它是資本主義的一種更加純粹和更加普遍的形式。當全世界（及其所有公民）都被吸收到一個單一的、真正全球性的資本主義市場經濟體範圍內，這對資本的極限便接近於達到了。西歐在某個以前時期裡的經歷現在可能將在別處重現。

紀：不，這現在不可能發生，因為全球化資本主義的條件是不

同的。雖然這是資本主義的一種「更為純粹的形式」，但是並沒有歷史的辯證法預言著向某種形式的世界社會主義的全面過渡。即使有一個與資本主義的局限性相聯繫的全球演變過程，社會主義作為可以克服這種局限性作用的一種經濟組織模式也已經消亡。

皮：在詳細考察了涂爾幹、韋伯和馬克思之後，我想提出比較籠統的一點。你曾經說，學科是重建其過去歷史的「想像的共同體」。現在，你所確認的這三個人物，儘管他們之間有差別，但他們都屬於一個十分特定的時間、地點和性別。一些人可能已經認為，社會學就是馬克思、涂爾幹和韋伯以及追隨他們而出現的一切，對這種情況你感到後悔嗎？是否真的可能說，社會學的奠基以這三位男性為核心，或者說起源於他們？

紀：我認為對這三位是社會學僅有的重要奠基人這一點，沒有加以爭論。我在撰寫《資本主義與現代社會理論》的時候堅持這一點，現在也沒有改變。如果你所考慮的是女權主義及其影響，我仍然難以確認一位主要著作家，認為她能與這3位處於同等地位。當然，現在被視為女權主義的主題，以及與其針鋒相對的命題，在他們的著作中能夠找到。在這裡，有一段過去的歷史是需要重建的。當這種重建發生時，學科是會發生變異的。正如我們大家都知道的，這些虛構的傳統並不一定與過去的真實歷史相符合。

皮：我想持批評意見的人或許會爭論說，「對社會的研究」是一個十分古老的行當；你之所以寧願說 社會學是對現代特

徵的研究,是因為你把這一學科的歷史追溯到本世紀與上世紀交替前後的20年。你所確認的思想家們是歷史上的一個特殊地點和時期中進行寫作的。他們所具有的是19世紀末對資本主義和某種現代特徵的體驗。

紀:這部分地取決於社會學是如何界定的。我把社會學同社會理論區別開;社會理論問題源遠流長。如果社會學意味著某種合理的東西,它就不可能指籠統的對社會的研究,這太含糊不清了。因此,我一直都認為,社會學是對現代特徵出現的反映。

皮:你說過,你現在像25年前一樣地看待社會學的起源。社會學中有沒有這樣的經典人物:經過長時間的思索,你認為他們在這一歷史中應當獲得更重要的地位?

紀:西梅爾(Simmel)就是這樣。在撰寫《資本主義與現代社會理論》的時候,我對西梅爾進行了一些研究。但是我當時沒有充分認識到,他提出了對歷史和文化的另外一種看法,這種看法與其他三位一樣重要。我仍然認為,對他的搶救工作做得不夠。人們往往認為,西梅爾是小地方和小規模上的理論家;而他對文化有一種思念,他的著作涉及哲學、歷史和文化理論等許多不同的問題。他幾乎是像韋伯一樣的一位學識淵博的思想家。要對社會學的詞典加以介紹,顯然是很容易的;有許多著作家,比如赫伯特‧史賓塞(Herbert Spencer),如果是在撰寫社會學的全面歷史時,他們會居於重要位置。但是,我當時所撰寫的並不是這種書。

皮：你提出了女權主義，也許還有這一初創時期女權主義著作家的匱乏問題。我想，有時批評者們說，你沒有對女權主義思想給予足夠的重視，也許在對待社會理論和社會學的發展這兩方面都是如此。你認為這是公平的評論嗎？

紀：噢，這要看你所考慮的女權主義思想家是誰，以及女權主義實際上意味著什麼……

皮：我猜想有兩種答案。一種是，女權主義者們可以找到許多原因說明，在學術交流方面，女人為什麼沒有男人那樣大的影響力——例如，她們進入高等學府的機會不如男人多。還有一種論點認為，從某種意義上講，這是不想承認一個事實的男人們所利用的一個借口，這個事實就是，在這一時期裡，由於同樣的緣故，女人曾有一段「被隱藏起來的」，就社會學或社會問題而著作的歷史沒有得到承認。

紀：噢，可能是有的，但我很想聽聽它的內容。正如我所說過的那樣，主要思想家們都忽略了什麼，以及他們如何看待與女權主義相關的某些問題，可以從這一角度評價他們的著作。但是，除此之外，我沒有把握人們還能做許多別的事情。

皮：你怎樣看待一種較為普遍的批評，即在你對資本主義的性質或現代社會特徵等等的論述中，女權主義思想、女權主義觀念或者女權主義的情感，沒有得到充分的反映？

紀：噢，在某種程度上可能的確如此。但是，我認為沒法追溯出一段被忽略人物的歷史，證明她們的思想必須得到考慮，被視為對社會學的形成相當重要。

皮：我們能不能回到我早些時候提出的一個問題上？社會學經常被描述為對社會的研究，但你卻只選擇對現代社會特徵的研究。為什麼？

紀：噢，這是因為如果不這樣做，則社會學就會成為社會科學的一個同義詞。社會科學中必須有一種分工。例如，把社會學理解為對現代社會特徵的反身性分析，這是把它與人類學區別開來的一項有益途徑。

皮：你也許想要說，「社會科學的全體」範圍太廣，但是從某種意義上講，你對自己定義所做的一切僅僅是對你將會考察的事物規定歷史界限，但卻不縮小社會學研究方法的廣度。一些人會說，對研究現代社會特徵的具有界定意義的社會科學是經濟學，因為我們實際上所談論的是從資本主義崛起和市場過程形成以來的社會。

紀：但是，沒有人能夠僅僅從經濟學角度界定現代社會的特徵。

皮：不能，但社會學的範圍並沒有大大縮小，難道不是嗎？

紀：嗯！它比起把社會學當作對社會的研究來範圍小得多。除此之外，它看來的確包括其他的幾乎一切。社會學從暫時的角度來界定自己的研究對象，把它規定為對一種特定社會類型及其對世界的影響的研究，而不是以一種十分籠統的方式研究「社會」。我之所以把社會學和社會理論區別開，原因就在這裡。我認為一種說法是十分合理的，這就是社會理論的一些任務十分籠統，譬如當你考慮如何對社會或文化的概念加以利用的時候。但社會學在我看來是一個比這範圍要小的領域。

皮：我是否可以問一個相關的問題？這個問題涉及社會學和經濟學。人們為社會學規定限度的途徑之一就是說，社會學家研究社會，經濟學家研究經濟。這並不令人十分滿意。但我猜想，一些人會說，全球化的一個方面就是，經濟學或經濟特徵看來在人們的日常生活中越來越重要了，或者起碼說，在人們看來，它們在人們的日常生活中越來越顯而易見了。與此同時，最近25年來，社會科學中有一種趨勢，即經濟學的一種努力就是取代其他學科來解釋問題，即通過普遍應用理性選擇，或者利用自私自利的理性行為者模型。我很想知道你是否認為，在經濟學在日常生活中地位的不斷提高和經濟學作為一個學科試圖代替其他社會科學的解釋之間有一種關係。廣泛而言，你如何看待理性選擇的解釋？

紀：是有一種關係，但它並不僅僅反映最近的變化，因為經濟學家們在19世紀就已經試圖這樣做。在經濟學和其餘的社會科學之間，在解釋問題、個人主義和理性等方面，一直都在進行對話。涂爾幹和馬克思兩人都從古典經濟學作為對社會發展的總解釋的局限性的角度，努力對其加以批判。我現在的看法與此並沒有很大不同。經濟學之所以重要，不僅是由於它的思想和理論，而且因為它在一定程度上同經濟現實相關聯。如果你是一位工商業者，你就不得不從經濟類別、成本費用分析等角度考慮問題。但是，經濟學思想並不能為了解現代制度總體提供框架。

皮：我不知道這在社會學中有多少真實性，但在政治學中我肯

定地認為，在最近的大約20年裡有一種十分明顯的變化，即拋棄對投票行為或政黨活動的傳統的基本解釋，或者說是政治社會學的解釋，試圖將其置於理性選擇的詮釋之下。理性選擇肯定已經被應用在一些社會學事物之上，比如對選擇配偶以及撒謊和欺騙的研究上。經濟學在這些領域中所開拓的天地同經濟學思想從前在本學科範圍之外的影響起碼有量的不同，如果不是質的差別的東西。在它的最極端形式下，它助長了一種企圖，則從理性的自制者老謀深算的行為這一角度來解釋所有形式的社會行動。

紀：我們應當把理性選擇同經濟理論區別開，因為這兩者是不同的。新古典理論（Neo-classical Theory）儘管地位顯赫，但只是一種經濟理論而已。因此，在像葛雷·貝克（Gary Becker）和像約翰·伊斯特（Jon Elster）這樣的學者之間是有很大距離的；前者的確斷言，各種活動都可以從新古典經濟理論的角度加以分析，而後者則運用範圍比較廣泛的理性模型，採取經濟學的一些概念，並不採用新古典經濟學理論的全部武器。儘管如此，對這兩種形式的思想，接受它們的人數都是有限的。伊斯特現在看來認識到，這些思想局限性很像在19世紀前的辯論中，涂爾幹等人所確認的那種限度。例如在《社會凝聚力》（*The Cement of Society*）一書中，他接受了一種觀點，即從個人的交換行動中，不可能產生有關文化價值觀和文化框架的理論。雖然這種看法在政治學中肯定是有影響力的，這種影響超過它在社會學或人類學中的影響，但是這種觀點並不處於主宰地位，而是

代表著一種特殊的視角。

皮：同在社會學中相比，這在政治學中大概更為真實。但是它的應用十分廣泛，例如在解釋官僚機構如何運行方面就是如此。這是古典的組織社會學中的一個主題。正是在這種理論背景下，才產生了新的公共管理學等等改革。

紀：我比較贊同理性選擇理論，因為它承認人們基本上是了解自己的所作所為的，並且作出選擇，即使這些選擇往往對他們產生不利的結果。因此，我認為理性選擇思想的影響並不出人意料，也完全不令人擔憂。但是，把新古典經濟理論籠統地當作社會科學的唯一理論，這是不行的。無論如何，正如保羅·歐梅羅（Paul Ormerod）等人所說，讓這種思想在經濟學本身之中占據主導地位的做法大概將遭到強烈反對。

皮：關於當代社會學的最後一個問題。社會學一直都有其嚴厲的批評者。我猜想，一個人如果基本上贊同，但卻持批評態度，那麼他也許會說，社會學迷路了。它的很多工夫看來都用在了有關如何解釋社會領域問題的艱澀方法論爭吵上面；另一方面，它的實際應用領域則可能越來越處於邊緣之上，或者涉及邊緣性問題和處於微不足道的邊緣上的人們。這些問題雖然可能很重要，但是如果想一想英國社會學的傳統優勢，便會知道，這種優勢存在於對工作、對經濟生活和對社會不平等問題的社會學解釋之中。認為社會學有一種偏離正軌的傾向，研究起邊緣問題或認識論問題來了，認為很大一部分對社會問題解釋欠妥，這種說法

是公平的嗎？

紀：我認為是不公平的。首先，社會現實的性質問題必定會引
起辯論。這是社會學做學問的部分內容。從這種意義上講，
我寧願處於社會學的處境之中，也不願陷入方法論探討很
少的經濟學境地。人們說社會學迷路了，社會學陷入了危
機等等，但這部分的恰恰是因為社會學在我們的生活中處
於核心地位。人們只見到社會學的研究內容，而不再看到
社會學，因為吸引人們精力的大多數辯論現在都是社會學
的辯論。它們涉及犯罪、城市、家庭、性生活、個人主義、
社會凝聚力、工業主義的局限性、工作性質的不斷改變等。
這些都是社會學的核心論題。當媒體討論這些問題的時
候，就得依賴社會研究。這種議題得到如此普遍的討論，
所以它們在一定程度上不再給人構成一種單獨學問的感
覺，這種學問就是社會學。同過去相比，現在對社會生活
的思考具有了較強的合作性。這件事本身一個有趣的社會
學論題。

皮：這裡有一些可能的回應，難道不是嗎？一種回應就是說，
雖然對這項事業的性質和人們怎樣看待社會領域問題加以
思考肯定很重要，但是這一過程在社會學家們的工作中已
經占據太大的一部分。其次，雖然標籤(label)並不十分重
要，但是從某種意義上講，你的斷言與經濟學家的斷言如
出一轍：現在一切都成了社會學。但是實際上，在揭露種
種形式的社會和經濟不平等方面的大量工作現在較多地是
由經濟學家，或許不是由社會學家做的。

紀：我不同意這種看法。正如我在前面所說，專業社會學工作者現在生活的世界由多種知識生產者構成。從這種觀點看，則經濟學的處境與社會學相比並沒有特殊的不同。經濟學也許有一套技術性較強的工具，對外界人士來說，它們比較難以深入了解。

皮：這麼說你認為，社會學家，或者說從事社會學的人們，不管其標籤如何，他們仍然從事的研究就是有關家庭的性質變遷、性生活問題、工作方式和工作生涯性質的改變問題，諸如此類，不一而足？

紀：是的，我仍然認為社會學正是通過這些問題界定的，社會學的研究工作對與這些問題相關的對世界的文明看法來說是絕對重要的。我們生活在一個快速變化的時代，沒有人對它了如指掌。在分析所有這一切方面，社會學家應扮演重要角色。

訪談錄之三
結構化理論

克里斯多福・皮爾森：能動性（agency）與結構（structure）之間，
與此並行不悖的還有唯意志論和決定論（voluntarism and
determinism）之間的關係，是所有社會理論中最普遍和最棘
手的問題。在1970年代末和1980年代初的一些著作中，以
1984年《社會的構成》（*The Constitution of Socisty*）出版為高
峰，你在結構化理論的指導下，形成了對這一問題的獨特
的解決方法。也許，我可以從提出這樣一個問題開始：你
是如何理解社會理論中結構和能動這一傳統問題的。

安東尼・紀登斯：這並不是一個「傳統問題」，起碼不是採取
這種表達方式。過去，這通常被看作人和社會之間的，或
者是行動者和社會制度之間的二元性。考慮個人與社會之
間的這一傳統問題，這觸及到了構成思想的起源。我當時
認識，這些都是未曾詳細闡述的概念。人們談論個人的方
式，好像「個人」是什麼是很顯然的，在「社會」是什麼
的問題上往往也是如此。我當時想要把它們分解，使它們

的內涵增加。「結構化」一詞我最初是從法語借用來的，我認為在我借用之前，還沒有人曾經在英語中這樣使用它。我想要強調社會生活的川流不息。我們應當不僅僅把社會生活看作遠處的「社會」，或者僅僅看作近處的「個人」的產物，而是應當把它當作人們所進行的一系列持續不斷的活動和實踐，這些活動與實踐同時還複製著較大規模的機構與制度。這就是最初的想法，以此為起點，我試圖詳細闡明每一個重要用詞，恰恰是通過談「能動」和「結構」。我把反覆發生的社會實踐這一思想置於社會科學涵義的核心位置，而不是從「個人」，也不是從「社會」談起。

皮：《社會的構成》一書不一定易懂。你能不能用相當直截了當的詞語談一談，結構化理論是如何解決結構與能動之間兩重性這一問題的？

紀：這實際上取決於兩件事情。其一是重新考慮結構這一概念。我想要擺脫盎格魯・撒克遜式的典型的結構構想，即結構是某種特定的形狀，甚至採取某種看得見的形式。但我還尋求擺脫一種想法，即能動性只包含在個人之中。我想要把它較多的視為人們行為的一種流動，把它同自我意識的特徵聯繫起來。在一定限度內，講一種語言就在一定程度上向我們顯示它們之間的關係可能是什麼模樣。換句話說，語言具有結構，語言具備形式，但它是看不見的，它的「存在」僅限於它實際上構成人們對它的日常使用的部分內容。這就是我所說的語言反覆顯現的特性。我並沒有

斷言社會「像語言一樣」，就像結構論者過去常說的那樣；但是，語言為我們提供了至關重要的線索，說明重複性是怎樣發生的。對「社會」可以理解為由組成機構與制度之間反覆發生的實踐所構成的一個複雜結構。這些實踐取決於個人所採取的習慣和生活形式。個人並不僅僅在自己的活動中「使用」這些東西。這些生活實踐是構成社會活動的特性。

皮：你在一些地方談到結構效應（structural effects），說這種效應較好地描述了結構的作用。「結構效應」是否就是某種結構的婉轉說法？這種結構是不是可以觀察到？抑或除了通過觀察到的效應之外，它還有某種存在？

紀：社會和社會制度的結構特性是實實在在的特性，但同時，它們並沒有實物的存在形式。它們取決於人們行動的慣常性質，並且可能是十分固定的或「實在的」，從這種意義上講，它們是真實的特性。我並不想拋棄涂爾幹的觀點，即社會是一種結構嚴謹的現象，一個集團或社會的結構特徵影響著人們行為、感覺和思考的方式。但是，當我們觀察這些結構的特性時，它們卻顯然不像外部世界的實物性質。它們所賴以存在的是社會的再生常規。語言具有這種令人難以置信的固定形式。只要你違反英語的最明顯的微不足道的規則，就會引起其他說話者十分強烈的反感。但是與此同時，語言並不存在於任何地方，它在寫作或講話的時候稍縱即逝。社會生活總的來說與此大同小異。這就是說，社會之所以具有形式，這種形式之所以對人們產生

影響，只是因為結構在人們的活動中反覆生成。這在我看來是普遍適用的，從你或許會對某人最不經意的一瞥，到最為全球化的制度，都是如此。

皮：你似乎是把社會實踐和語言相提並論，把語言當作一種比喻，在這裡，雖然人們所能看到的一切就是特定的表現，但這些表現使一個基礎結構獲得表達形式。

紀：我並不完全把它看作一種比喻，因為語言顯然是人們實際的所做所為的一個十分重要的部分。語言以實例證明了社會生活的很大一部分的模樣，因為它是社會生活的一個核心部分。

皮：但你並不想說，所有的社會結構都把語言當作一種表達方式，或者採取一種語言形式，對嗎？

紀：是的，我並不認為語言的性質表達了社會生活的所有其他方面。結構的主要表達方式是人們以一種慣常和制度化的方式所做的事情。我們在日常生活中所做的一切，有很大一部分是由我所說的「實踐意識」（practical consciousness）來指導的，這就是「不斷地」重複社會生活的規則與慣例。

皮：依你看，結構必須總是行動的一種表達嗎？是不是總有一種能動性參與結構的再造與複製？

紀：噢，是的，在我看來正是這樣。如果把能動性（agency）看作基本上是必需（essentially）的能力，那麼全部社會生活就都取決於它。就連被人用槍威脅著的某個人，從一種富於哲理的意義上講，也仍舊是一個能夠按照自己的意志行事的能動者（agent）。許多社會科學工作者都沒能認識到任何一

個普通人看來都是很明顯的事情，這就是我們是有意識、有意圖的人。我們所做的許多事情之一，就是閱讀社會學著作，對其研究結果加以思考。

皮：有的結構主義者可能不同意你的重複論，他會一口咬定，你所談論的能動性實際上並不存在，一個動能性如果看來是在作出選擇，則她（他）的背後一定是有什麼別的東西驅使她（他）以一種特定方式作出選擇，對這種人你想說些什麼？這種結構主義者或許會說，你從表面看來是在行動，因為你從表面看來是在作出選擇，但從某種意義上講，背後總有什麼東西在操縱著你，有人在代替木偶說話。

紀：噢，你所指的那些結構主義者必須告訴我，這種東西是什麼。假使它不是潛意識的情感，因為結構主義者在這裡所談論的不是這種內容，那麼，這種力量可能是什麼呢？

皮：咱們舉一個例子吧。如果你問一名18歲的信奉天主教的格拉斯哥工人小夥子，他是支持塞爾特隊人隊，還是支持林格隊，你可以說他能夠在兩者之間作出選擇，但你有一定的理由可以相信，他不會追隨布魯斯隊。

紀：千萬不要把能動性這一邏輯概念同社會化（Socialization）這一社會學概念混為一談。其中一種概念部分地解釋了做人首要的事情是什麼，另一種則較多地描述了由於周圍的社會影響，某些類型的人在某些類型的背景下的實際遭遇。「社會影響」並不像自然界的因果關係。有某些信天主教的格拉斯哥人並不支持塞爾特人隊，大概還有一些甚至根本不看足球新聞。

皮：這麼說，你大概也不特別重視作為能動的個人對自己所作出的特定選擇的解釋吧？因此，在這個實例中，如果這位青年說，他支持塞爾特人隊，因為他們是世界上最了不起的球隊，那麼你不會因為他說什麼就相信什麼吧？

紀：噢，這我可不知道，因為同大多數社會學家相比，我是比較重視人們所說的話的。從總體上講，人們對自己的行動的了解往往比社會學家們所認為的要多。當有人解釋他（她）為什麼支持某一特定足球隊的時候，你可以提出進一步的問題，所得到的回答或許是：「我爸爸一直都支持塞爾特隊」，或者「我恰好來自城裡的這個地區」，抑或「天主教徒和塞爾特人隊之間一直都有這種聯繫。」我根本就不想否認，有種種社會影響作用於人們的行為，但它們是通過人們所持的態度和觀點而產生作用的。

皮：咱們來探討一個與結構稍微不同的問題吧。失業及其影響是一種結構效應嗎？我所考慮的是世界的結構特性是如何呈現在個人面前的問題。對一個失業者來說，失業這一觸及其日常生活的現象可能看起來是一種強大的外部力量或一種外部現實，其影響範圍是他（她）所感覺得到的。

紀：我完全同意，一個面對勞動市場的人的情況肯定是這樣的。但我並不認為，這從任何意義上講損害了能動與結構之間關係的邏輯。能動性並不意味著世界屈服於個人的意志。此外，對失業的性質來說，有一個強烈的思考性、發展性和語言性的方面。失業並不是單獨地存在。必須有某種生活形式，它才能有任何涵義，這種生活形式基本上就是一

個建立在市場基礎上的現代社會。

皮：一個人失業，是否可能是因為其他行動者，例如國家或者
統計人員給你的處境下了定義，卻不一定知道具體情況？

紀：不，你必須在某種描述之下意識到它。當然，對任何活動
都可能重新界定。某人退休了，並非就是「失業」，儘管
「從外部觀察」沒有任何區別。這兩者之間所以有差別，
只是因為目前的經濟秩序是通過建構這一制度的種種概念
來安排的。

皮：讓我舉一個稍微不同的經濟實例。我實際上是在力圖闡明
一些批評者所闡述過的觀點，這就是結構，這一構想在社
會領域中並不足以包羅萬象。因此，如果我們考慮像人口
密度這樣的影響著經濟，從而影響著社會結構的事情，那
麼從你的意義上講，這構成結構的一個方面嗎？這並不真
正是能動的一個方面，對嗎？

紀：我看不到問題出在哪裡。結構之所以存在，只是因為人們
是在無利可圖情的情況下做事的，而且他們做事的背景有
其特定的後果。這些後果往往是他們自己所沒有預見到
的，甚至全然不知的。但正是這種後果的經常發生，正是
它們的被複製，使它們具有結構性，使我們得以談論結構
效應。結構效應是會產生結果的，但這也只是由於它們通
過我所描述的特性得到調和。例如，人口密度產生結構效
應的唯一途徑就是通過人們實際上所做的事情。除此之
外，還有什麼別的因果特性呢？

皮：這麼說，我最後舉一個這方面的實例，一個我想你也不會

認為成問題的實例，那就是，一個特定社會中的科技知識
水準是結構的一個方面嗎？

紀：噢，這當然是一個實例，證明了社會的結構特徵。科技只
有通過人們的行動才能產生作用。

皮：但這的確為社會行動者限定了選擇範圍。社會行動者從某
種意義上講，在發揮作用方面，受到了社會或物質環境方
面的限制。

紀：任何有形的事物都是這樣。不管你的桌上有沒有一台電腦
都是如此。

皮：有人或許會說，有關結構和結構如何起一個框架的作用，
不論是限制還是推動個人的行動，你在這方面的概念如果
不考慮到物質環境等內容，那是太有限了。

紀：但它的確包含這些方面。我的一些批評者的錯誤就是說我
認為，結構存在於人們的頭腦中，因為我說它由人們的行
動而反覆產生。社會制度的存在是因為人們做他們日復一
日所做的事情。他們行動的環境是多種多樣的，其中包括
實物環境，這種環境同擺在任何個人或集團面前的可能性
和限制因素有很大關係。但社會結構顯然沒有實物結構的
那種存在方式，它的因果效應也是一樣。我們所生活的實
物世界從一種意義上講是因果效應的，這就是，你無法穿
過牆壁行走。與此形成對比，人類制度的結構特性，其因
果效應之所以存在，就是因為它們在日常行動中反覆產
生。它們所最終依賴的是常規。而常規既是這種行動的手
段，也是其結果。

當然，常規——人們的所做所為，他們在日常生活中的行動——對任何個人生活的可能性，都可能會產生十分嚴重的制約效應。語言也是如此；但語言是人們做各種各樣事情的手段，沒有它，許多事情就做不成。科技雖然有一種實物的存在形式，但它並沒有什麼不同：它既造成限制，又使人產生能力。它取決於講求推理的能動性之間的關係，這些行動的個人具有各種不同的習慣和常規，他們是有所做為的，他們作用於機器等等。而結構特性正是行動成為可能。人們只能按照常規做事，因為常規使人互相了解。你不能編造自己的常規。運用常規，不論是語言中的還是範圍更廣的，一般取決於「實踐意識」——維根斯坦（Wittgenstein）因稱之為我們在形形色色的社會生活中「繼續下去」的能力。大量的社會研究僅僅了實踐意識的範圍。人們被當作比其實際所知懂得的要少的來對待，因為對他們的假設是，他們知識的限度就是他們所能夠說出的所做所為。但是，行動者所能夠說出的自己所做所為，以及自己為什麼這樣做，只是日常生活所涉及的淵博知識的很小一部分。如果我們重提電腦，電腦擁有巨大的資訊能力，但即使功率最大的電腦，也做不成作為能動（agent）的人每日每時所慣常做的事情。例如，即使是交談中的最為隨便的內容，電腦也無法搭腔。它們今後可以將能夠這樣做，但眼前不能。只有掌握大量知識，才能成為能動體（agent），這對充當能動來說具有核心重要性。沒有這種知識力（Knowledgability），就不會有結構，不會有制度，因為這種

知識是社會性再生的關鍵，是結構特性存在的唯一理由。

皮：可是，你不想使行動者自己說自己在做什麼，自己如何行事，對吧？

紀：不，選擇並非存在於兩者之間，即一方面是人們對自己行動的解釋，另一方面是驅使他們行動的某種因果力量。在這兩者之間，存在著實踐意識之中，在了解內情情況下對常規的運用。此外還有權力。我一直都試圖把權力看作也是社會科學邏輯之中的一個基本組成部分。因此，事情實際上是能動性、結構和權力三方面。能動性是權力的一個原始基礎。能動性就是採取其他做法的能力，這就是權力的基礎，不管一個決定的權力結構的規模可能多麼大。

皮：但是在一定程度上，這破壞了一些能動性發揮作用的能力。你曾經說過，一些能動性，即使其選擇範圍十分有限，也仍舊是能動性，因為他們仍然可以作出選擇。但是當然，這些選擇的範圍可能不是很大的，也不十分吸引力。

紀：這就是為什麼在一些情況下（例如一個人拿槍對準你的腦袋），我們說你「沒有選擇的餘地」。但是，這種描述始終是建立在對動機的假設基礎上的。如果你根本不珍視自己的生命，那麼即使有人拿槍對準你也不緊張。這與對身體的強迫是不同的，即使我們能合理地說：「某某人在被槍逼著的情況下不得不這樣做。」一切社會制約因素都只有就行動者的動機或利益而言，才是制約因素。同樣的道理也適用於集體。比如一家公司作出一項商業決策。在一般情況下，工商業者都接受範圍更廣的經濟體制的邏輯，他

們也是範圍更廣泛的經濟體的一部分，這是一種構成現象。只有人們如此行事，經濟體才能存在。

當然，這一切都可能崩潰，基本的社會秩序就是這樣。一些語言學家的思想給我留下深刻的印象。他們認為，日常生活十分接近於混亂。只要人們不遵循最簡單的談話常規，混亂和不滿情緒就會迅速形成。要想使人們把你當作一個能動來接受，你必須始終顯示出自己是一個能動，能動建立在對制約因素的假設基礎上。但更難理解的是，制約因素也是以對能動的假設為前提的。

皮：另一方面，有一些像市場這樣的規模很大的、由能動性驅動的、並不受中央控制的結構，從某種意義上講它們被看作雜亂無章的，但從另外一些意義上講其似乎具有很強的結構性，此外，我猜想，它們也很容易受到嚴重的打擊。

紀：這裡有一個十分有趣的問題。做人就是要不斷地監測自己的行為，將其與他人的行為進行對比，對於這一進程來說，沒有任何例外。另一方面，社會生活的種種廣泛的領域並不受能動性控制，如果這意味著有意識地接受任何人的指揮。從第二種意義上講，市場向我們顯示了指導性控制的局限性。市場並不僅僅是千百萬個人作出單獨決策、決定購入、賣出、儲蓄等等的「結果」。它們有一些結構性很強的特性。正如結構化理論所突顯的那樣，這些特性既是個人所採取行動的後果，也是其手段。此外，從當代意義上講，市場建立在對某種溝通方式的假設基礎上。能動性將這種溝通方式包括在其所做所為之中，即使當有人提問

的時候，他們可能無法說清市場是什麼。

皮：但是，市場中的一個行動者在某一時刻所必須擁有的關於
市場如何運作的知識實際上是很少的。孩子們到糖果店去
時知道，如果他們不交錢，就得不到糖果。但是，他們並
不知道在這件事的背後，一個國際經濟體如何運作，生產
和交換過程怎樣發生。

紀：就連一個孩子實際上也對貨幣知道的遠遠超過他（她）就貨
幣的性質所能說出的內容。孩子甚至可能很熟悉商品的交
換，因為他（她）很容易傾向於簡單地偷走糖果。在任何這
樣簡單的交易中，實際上都有種種複雜的事情正在發生。
它們並不是在交易的實際交談中所透露出來。一個市場社
會要想存在和繼續，人們就必須長期的了解很多事情，還
必須調整自身的價值，諸如此類，不一而足。當一個孩子
在一家糖果店裡買東西時，這顯然只是一個整體中的一個
很小的組成部分。孩子可能是僅僅在一個當地的交換體系
中買東西，而並不涉及一個全球市場。但是，如果糖果來
自於中國，而不是馬路上100碼開外的地方，這就是一件大
事。

皮：提一個有關結構外部性的問題。你所拒絕做的事情之一就
是對結構進行對其構造角度的介紹或提供影像。有關結構
的傳統做法之一就是使其具有一種現實性，即使摸不著，
起碼也要看得見。我不確定涂爾幹的原理，即把社會事實
當作事物來對待，在這一背景下意味著或者不意味著什
麼。但是，我們知道，對作為個人的行動者來說，這些類

型的社會結構和社會制約可能是非常強大的。它們幾乎可能與實物的制約因素一樣強大。社會力量可能會同實際的物質強迫力量一樣強大。因此，從某種意義上講，這些結構對作為個人的行動者來說是外在的東西嗎？

紀：是的，對一個處於環境中的個人來說是這樣的。個人在其自身之中，並不包含社會生活的各種方面。對於這一點，我根本看不到有任何問題。

皮：噢，我所曾感興趣的是結構或結構性質的問題，因為它們並不像外部世界中的物體那樣，是有形的實物，但它們對個人的作用卻可能與外部世界的物體一樣強烈。這兩者之間差別的性質如何？

紀：它們之間的差別帶有很深的根本性。只有存在人們所遵守的、已確立的常規，才能有結構力量。只有人們在其行動中不斷複製這些常規，對制度與機構賦予結構性的形式，才會有結構存在。制度與機構雖然包括實力形式，但它們卻與實物的結構不同。

皮：在對能動者和結構之間關係的這種構思之中，能動者總是個人嗎？

紀：有時也可以把集體當作能動者來談論。但這只是比喻性的而已。這樣說的假設是，個人作為一個整體具有某些素質，例如注重利潤的公司，或者關注治病救人的醫院等。但是，歷史上只有個人才是真正的能動者。

皮：這麼說，一個社會階級也可能是由人們所組成的一個集體，這些人同生產方式的所有權的關係相同，由於一種共同

性，他們也可能以特定的集體行為方式而行動。但是，你
對認為他們具有能動性的想法不會感到滿意吧？

紀：一些社會思想家這樣說過，但我並不認為許多人會把社會
階級看作行動者。人們這樣看待公司或組織的可能性要大
得多。因為，公司或組織具有某些制度化的價值觀念和抱
負。例如，法律把它們當作能動者來對待，只要法律這樣
規定，在一定程度上，這就構成了它們的性質。如果法律
把一家公司界定為一個能動者，則它就賦予公司以某些機
會，並且對其採取某些限制措施。

皮：我想社會學曾經有一個面向──我在這裡所考慮的不是階
級，而是群體行為等等諸如此類的社會學──它們試圖說
明，有一些形式的行動屬於集團行為，只能在這種背景上
看待，理解或解釋……

紀：但他們幾乎總是與潛意識相聯繫，這是引佛洛伊德的群體
心理學、勒邦(Le Bon)對人群的分析等。他們把這些群體
看作行動中的集體潛意識，而不是看作我所講的意義上的
能動者。

皮：可否把社會變遷放在結構化和結構化理論範疇中來理解？
在另外一些地方，你顯然駁斥了歷史唯物主義，認為不可
以用它來作為一個解釋方案，在更為普遍得多的意義上，
你還批承了進化論。在你的詮釋中，大規模的，也許是全
社會性的、系統性的變遷形式是否有一席之地？

紀：我不願一味只談社會變遷，因為我們必須解釋穩定和變革，
或者連續性和變遷。變遷並不是單獨存在的東西。在結構

化理論中，我爭論說，在社會生活的每時每刻，變革的可能性都是存在的。但社會生活很重要的部分內容是社會複製。因此，變革與連續性從某種意義上講是直接地相互聯繫在一起的。如果我們提出一些範圍比較廣泛的問題，比如封建主義是為什麼崩潰的，答案不能只在邏輯一級上找到，我們必須尋求有關史實的較為直接的社會學、經濟學和政治學的解釋。我並不聲稱根據現有的結構化理論，就能得出這些解釋。我所一直反對的，就是任何的有關變遷的「單一因素（single-factor）」理論，譬如說經濟因素「最終」決定了歷史轉變的種種重大事件等等。

皮：你也許認為有一個問題你已經回答了，但還是讓我直接向你提出吧。有一種看法認為，結構化理論所產生的原理是較為精辟的其有關結構與能動性兩重性的分析是較為細緻的，但這一理論並沒有解決有關結構與能動性的最基本和最深刻的問題，這就是，在作為能動性的個人以外，有一些原因決定著、影響著或限制著他們的行動方式。

紀：我認為是這樣的。結構效應實際上只有兩個來源。一個正如我所說，存在於人們所遵守的常規的規則性之中；另一個涉及人們所做所為的無意之中的後果。然而，這種後果由於人們未來的行動而產生影響。

除非採取我所說的這種觀點，否則就無法弄清社會生活。我看不到除此之外還有什麼特別的辦法。我所看得到的是其他方法的失敗，比如塗爾幹和社會事實觀點，乃至新古典經濟學的方法論。人們也許不喜歡我所採用的新概念，

他們可能寧願相信布爾迪厄或某個別的人的說法。但社會生活就是這樣的。它是不斷地、偶然地由了解情況的、作為能動性的人們所複製的。正是這一點，使它具有固定性，也正是這一點，帶來了變遷。

皮：還有一件事與結構化稍微有關，我們現在或許可以研討：這就是對時間和空間的處理，以及時空距離的確定。你認為在古典社會學中，這些問題為什麼乏人問津？在這裡對它們加以介紹為什麼重要？

紀：這個問題有兩個方面。重要的是要認識到，一切能動性都在時間中展開，因此它是一種流動，而不僅僅是個人行動的總和。因此，暫時性與作為能動的人密切相關，空間概念也是如此。因為，你作為能動者，必須有身體，而身體占據著實際的空間，它在一個實際環境中面向其他人。在這種意義上講，時間和空間被理論化，成為結構化理論的內容。但是，另外一個方面是研究時間和空間，使之成為比較具體地了解社會制度特性的一條途徑。這一方面使不同類型社會制度的模樣顯現出來——它們在時空之中如何實現自我組織，以及人們怎樣對時空進行構思。

李維・史陀（Levi-Strauss）的說法是正確的：大多數社會思想家往往把時間和變遷等同起來，這不僅是概念上的錯誤，而且是實踐上的失誤。在人類的絕大部分歷史上，最引人注目的事情是持續性，而不是變遷。只是在最近的一個時期中，歷史才獲得了活力。這種活力取決於時間、空間和實力之間的一種新關係。李維・史陀對此進行了闡述。

根據對他的思想的考慮，我才得出「時空分離」(time-space distanciation)的概念——社會制度在時空中「延伸」，而不被局部化的能力。我還受到地理學家們的影響。我為把從人類地理學中引出的思想介紹到社會理論之中作出了一定的努力。

皮：古典社會學傳統在對時間和空間的處理方面很薄弱，這有其原因嗎？

紀：一個原因是把時間與變革等同起來，結果是時間被假定為與變革無法分離——「歷史」被認為是從某個地方走向某個地方。與時間問題相反，有關空間的比喻和空間的某種構成感在古典社會理論中十分重要。例如，涂爾幹就了解社會地理學家們的著作，並在《社會學年鑑》(*Année sociologique*)中為其著作撰寫評論。他的許多著作都具有空間涵義，例如在他對儀式空間的討論之中就是如此。

皮：功能主義實際上採納了超越時間的變革或者超越變革的時間概念，你認為是這樣嗎？

紀：功能主義的方法論肯定取決於對時間的抽象思維。對一個社會問題作出功能主義的闡述，這意味著表明，這個問題與一個制度的其他方面關係如何，以組成一個發揮功能的整體。其結果是，功能主義對時間問題缺乏敏感性。對能動性也可以這樣說。以墨頓(R. K. Merton)對功能主義的經典論述為例。在論述對功能的解釋時，墨頓採用了新墨西哥州印第安人的祈雨舞來加以說明。印第安人(The Hopi)相信這種舞蹈能夠帶來降雨。我們知道事情並非如此。因

此，我們尋找其他的解釋，以說明他們爲什麼這樣做——
這就是功能主義的解釋。祈雨舞具有確保社會凝聚力的功
能。但是，這樣認爲就是把印第安人當作阿斗。
大多數的參加者畢竟都對這種儀式所可能達到的目的有所
了解。此外，顯示祈雨舞促進社會團結，這不可能爲印第
安人的行動提供一種解釋，除非他們當中起碼有一些人認
識到這種作用，並採取相應的行動。

皮：還有沒有其他問題是結構化理論所提出的，而我們尚未談
到？也許是實踐意識（practical consciousness）吧？

紀：在我看來，實踐意識是一個十分重要的概念，因爲它把人
們日常的認知能力同社會制度的結構性相聯繫。大多數社
會生活取決於在常規這一背景下的「照常行事」。

皮：對認知能力強的行動者「在人世間照常行事」和實踐意識
的解釋，是否爲意識形態概念留有餘地？

紀：是的，是這樣。意識形態思想顯然是一個有爭議的想法。
在我看來，意識形態所涉及的是如何引進思想，以支持脫
穎而出的權力。這種思想可以是被認爲理所當然的概念，
它構成實踐意識的部分內容。意識形態，除開它與權力的
關係之外，是沒有任何內容的。對意識形態，應當把它放
在一種背景下考慮，這就是我們一直都在談論的制訂社會
科學研究方法的總方法。它並不僅僅包括宏大的思想體
系，比如民族主義或者宗教理論。在最爲根深蒂固的意識
形態當中，有一些建立在日常生活的常規——實際意識和
每天的談話——基礎之上。

訪談錄之四
現代性

克里斯多福・皮爾森：我想花一些時間來探討你的有關現代性
問題的思想。在你的教科書《社會學》(*Sociology*)中，你把
這一學科描繪成「對現代性的研究」(the study of modernity)；
從1990年以來，你所出版的一些書籍涉及了現代性的不同
方面。作為開始，你也許可以解釋你所了解的現代性是什
麼，以及它與從前的社會形式為什麼會有質的差別。

安東尼・紀登斯：在其最簡單的形式中，現代性是現代社會或
工業文明的簡稱。比較詳細地描述，它涉及：(1)對世界的
一系列態度、關於實現世界向人類干預所造成的轉變開放
的想法；(2)複雜的經濟制度，特別是工業生產和市場經
濟；(3)一系列政治制度，包括民族和民主。基本上，由於
這些特性，現代性同任何從前的社會秩序類型相比，其活
力都大得多。這個社會——詳細地講是複雜的一系列制
度——與任何從前的文化都不相同，它生活在未來而不是
過去的歷史之中。

皮：我們已經討論過的古典社會學家們以不同的方式所相關連的是你所確認的與現代性相關聯的不治變革。你通過各種方式，並在不同程度上表示，他們都沒有完全講對這個故事。如果說在你《資本主義和現代社會理論》一書中所議論的古典著作家當中，最接近於對現代性正確解釋的韋伯，他的對世界幻滅或失望的想法和傳統權力形式及理解方式終結的概念就是證明，這樣說是公平的嗎？

紀：把這些看作現代社會的重要方面是完全正確的。但我並不願意說，韋伯比其他經典著作家有任何更大的重要性。雖然這樣做是不流行的，但是我仍然敬仰馬克思，因爲資本主義對較大的現代性框架具有核心重要性。在現代社會中，經濟影響同它在從前社會形式中相比，其效應要明顯和深遠。這些影響的結構，以資本主義制度和機構爲核心。雖然韋伯也談到資本主義，但是他的表達方式是不同的。

皮：當然，沒有很強的動態感(dynamism)，閱讀馬克思著作是很難的。

紀：噢，馬克思說其他經濟制度不曾有過如此連續的擴張性，信七的說法是正確的。這種擴張顯然並不僅僅是超越空間的擴張，而且表現爲不斷的技術創新和提高生產率的努力。

皮：你說過，對於這一過程，馬克思的論述也許是最多的。你的論點看來是，馬克思認爲資本主義富於活力是正確的，但他認爲這種活力使資本主義自掘墳墓卻是錯誤的。

紀：正如我在前面的論點一樣，我認爲馬克思是關於資本主義

的一位富於洞察力的分析家。他低估了自己對描述資本主義、資本主義經濟的同期性、商品形式的想法和交換關係的實質等的貢獻。他以為資本主義會蛻變為社會主義，這一點是錯誤的。

皮：你在《現代性的後果》（*The Consequence of Modernity*）一書中談到現代性的四個基本制度方面。其中除了資本主義之外，還包括監視、工業主義和軍事實力。請你簡略地談談這其他幾個方面。

紀：現代性的出現首先是一種現代經濟秩序，即資本主義經濟秩序的創立。但是，現代社會還涉及一種獨具特色的國家，普遍地講還有獨具特色的組織形成。這一切都主要取決於訊息的構成。因此，我採用了「監視」這一概念——從傅柯那裡借鑒而來——作為構築訊息系統，以形成新的行政管理權力體系的途徑。現代國家是這一過程的重要實例。我認為軍事力量起碼從分析角度來看，是與現代性的其他幾個方面相分離的。從18世紀末開始，戰爭的性質和軍隊發生了重大變化。此後的大規模戰爭與從前的戰爭及軍事力量類型是不同的。我把工業與資本主義以及現代性的其他方面區分開來，因為它所指的是現代社會的技術基礎。它所涉及的是一個建立在機器基礎上的文明發展。這種發展與科學和技術的進步是同步的。

我大量地運用了這四個方面。我的意思不是說它們全都徹底地相互獨立，或者相互等同。我傾向於認為，資本主義的擴展是變革的最重要的推動力。但是，民族國家也獨立

地進行活動，並構成一個具有部分獨立性的權力中心。它
們有其自己的軍事冒險。科學與技術的大量變革都並非僅
僅由市場所推動。

皮：你說現在性是「間斷的」(discontinuous)。從舊的社會到現
　　代社會，在軍事力量的形式和邏輯方面，真的有一種間斷
　　嗎？

紀：我想是有的。正如我曾經提到的，不僅僅是大規模戰爭(它
　　通常涉及的既有戰鬥人員，也有平民)，而且軍隊的性質也
　　發生了變化。在現代性的其他特徵影響下，軍事技術也改
　　變了。它變得很像一種機器類的東西，機關槍本身就是實
　　例。軍裝曾經是一種形式的炫耀——向敵人暴露自己。後
　　來，軍裝變成了一種隱藏的途徑，即一種偽裝。軍隊的紀
　　律也發生了巨變；軍隊開始顯得比較像機器本身了。

皮：我有一個關於現代社會時期劃分的問題。你可以說，其中
　　一些變革實際上是在你所認為的現代時期內發生的；例如
　　軍裝、戰術和戰爭的機械化等方面的變革。

紀：像現代性的其他方面一樣，對這種事情是無法十分精確地
　　劃分時期的。現代制度是在18世紀末左右得到鞏固的。但
　　很顯然，這也涉及一個很長的變革過程，它向前後兩個方
　　向延伸。我認為，對把現代性看作與從前的社會形式不連
　　續的看法來說，這是互不違背的。但這些轉變並不是一夜
　　之間發生的。

皮：在討論現代性的背景下，你還提出時間與空間概念，以及
　　時間與空間的統籌問題。你提出了脫鈎(disembedded)與重

嵌(re-embedded)的社會安排與社會關係。你能不能就這一
點多說幾句？

紀：現代性的一個特點是，遙遠的事件和行動不斷地影響著我
們的生活，這種影響還不斷增大。我所說的生活形式基礎
被抽離、脫鉤、它們在時間與空間中的重新組合，還有它
們所來自於其中的背景的重新構成，就是這個意思。一位
在地方背景下工作並爲地方市場生產的工匠，其根基扎在
本地和本社區之中。由於國際分工的發展，這一點發生了
改變——經濟交換越來越擺脫本地社區，沿著時空被重
組。「地方」的概念所反映的過程增大了許多。這在局部
上對「地方」加以重新塑造，其方式或許是引人注目的。
經濟中所發生的事情在生活的許多其他領域中也發生：根
基的脫鉤和重嵌，抑或使人脫離與重新拉開其中的過程。
今天，在一個全球化不斷加強的時期中，這些效應比以前
更爲明顯。

皮：話又說回來，這個過程是在現代社會中一直都存在並不斷
加強呢，還是在現代社會晚期才出現的新生事物？人們是
否可以爭論說，產業的國際遷移，以及由此造成的本地產
業的衰敗和技術的喪失，在19世紀和在20世紀末一樣可以
見到？

紀：這種「脫鉤」與「重嵌」觀念所表達的思想是事物之間的
關係跨越時空的改造和改革，因而也是不同形式的社會制
度如何組成的問題。貿易等各領域中的實例舉不勝舉。但
是，主要是在兩個歷史過渡中，才有一種「躍進」(leap

forward)。其一是最初的文明──希臘、羅馬、傳統的中國，它們對時間與空間的安排與沒有文字的口述文化不同。人們普遍的把文明與書寫相聯繫，這並非偶然。由於書寫的到來，訊息可以長時間地儲存，貨物也是一樣，從而產生了新的權力體系。就現代社會而言，這些特點的包容能力和影響的廣泛，超過了任何從前的文明。許多著作家都談論今天資訊社會的出現。但從一種廣泛意義上講，幾個世紀以來一直存在著一個資訊社會，這是因為印刷和印刷材料的大批生產，以及電訊溝通的較早開發。這些東西所改變的不僅僅是人們相互溝通的方式，而且還有整個社會如何組織的問題。19世紀中葉第一種電訊溝通形式，即莫斯電碼的發明，所注入的是一種全新的因素──在莫斯之前，一直都必須有人到某地去，方能把信息從一個地點傳送到另一地點──這就是電子時代的開始。

皮：在當今時期中有了更強的電訊溝通的崛起，它所造成的是一種特殊類型的社會發展嗎？

紀：不是的。我認為這實際上只是這種「脫鉤」的一個面向。但它在一定程度上肯定是由這個新社會的為人們所察覺的要求所推動的。人們所積極追求的是跨越時空的更快和更有效的溝通模式。

皮：這一過程有時被認為具有一種技術上的決定論特點……

紀：我認為這是不對的。在我看來，通訊和通訊系統的改進對社會的構成與發展非常重要。同許多人所假設的相比，電子通訊都更加重要，其起源也更早。

皮：但是，人盡皆知的一點是，正是資訊技術的引進，才創造了一個全球範圍的市場經濟，這個經濟又帶來十分特殊的社會後果。

紀：我們又回到了技術決定論上。資訊技術與全球經濟體的運行緊密相聯。但是，這也涉及許多其他力量，包括資本主義和工業主義的推動力。

皮：你的論述還十分注重信任與風險這兩個相互聯繫的概念，認為它們是現代社會中的明顯特徵，起碼是一種明顯的形式。

紀：它們採取的明顯的形式、信任和風險同樣與時空議題有關——它們都是安排未來時間的方式。風險的概念起源於現代社會的早期。它標誌著與過去決裂和面對開放的未來的努力。風險思想看來最初是在兩個背景下出現的：它起源於探險家們前往前所未知的地區的時候，還起源於早期重商主義資本家們的活動。在這兩種情況下，都有新的和地圖上未標出的土地可以探索。它們都是未知的國度和未標明的未來領土。

必須把風險與危害或危險區別開。風險所涉及的是對未來危害的積極評估。一個社會越是尋求生活在未來之中和積極地塑造未來，風險概念就越普及。隨著現代社會的崛起，風險概念普遍化了，保險概念也是如此。保險和安全是風險的另一側面。

信任也涉及時空的紐帶，因為信任意味著跨越未來時間向一個人、一個團體或系統作出承諾。信任的觀念往往也是

一種現代觀念。顯然，在傳統文化中，有一些形式屬於我們現在所說的信任。然而，大多數這種文化是沒有信任觀念和風險觀念的。

風險和信任彼此緊密相聯。對一個人，或者一個體系，比如銀行體系的信任能夠成爲應付風險的一項手段，而承擔風險則可能成爲產生信任的一項手段。

皮：風險和另外一個術語，即「機會」呢？你是否認爲機會也許是現代性早期的一個較強的方面，而風險從某種意義上而言則是一種晚些時候才成熟起來的意識？

紀：是這樣的。但是我首先要提及另外一件事。風險有兩個方面。有關風險的文獻分爲兩種，它們並不經常地融爲一體。其一是把風險當作投資決策和承擔風險的一個積極因素，當作市場涵義的一個富於活力的方面。在經濟學中有關風險的許多文獻十分正確地把風險當作一種積極的現象。另一種意義上講，風險總是消極的，因爲它涉及人們想要避免的結果；但是，積極地承擔風險和管理風險則是現代市場經濟的核心。風險絕不僅僅是一種需要降低到最低限度的東西。我們大家都知道來自於登山等人們欣然參加的冒險活動的積極的風險因素。有關風險的第二種文獻則僅僅是相對於保險和安全而言來看待風險──它在環保保護主義和保健等領域中很突出。必須把對風險的這兩種看法融爲一體。因爲在全球化時代裡，風險的影響被普遍化了。我們生活在「風險文化」之中，解釋這一點的是現代社會特徵的徹底化和普遍化。各種變革引導或迫使我們越來

多地從風險角度考慮問題。一種變革就是傳統控制力的減
弱。社會活動受過去所做所爲的影響越大，人們越是傾向
於從向命運角度考慮問題。我們越是就未來事件作出積極
的決策，人們越是要從風險角度考慮問題，不管人們是否
意識到這一點。我們與自然界的關係也大致如此。過去，
傳統和自然界很像爲行動勾勒出的風景線。隨著事物越來
越變得非自然和非傳統，就它們作出的決策也增加，決策
者並不一定是最直接參與的人。

考慮一下人類生兒育女問題。生育的許多方面過去被認爲
是由傳統以及由自然界的極限所「給定」，現在從原則上
講卻是可以任意決定的，這不僅包括你是否想要一個孩
子，而且包括孩子將是什麼性別。一但這些事件被從自然
界分離出來，種種充滿風險的決策就必須作出。隨著風險
變成必須作出的各種政治和個人決策的一項組織概念，我
們逐漸地脫離了傳統和自然界。保健就是一個出色的例
子。保健制度過去往往取決於一種我所 說的「外部風險」
（external risk）的概念——你若生病，全國衛生服務系統便
會照顧你。但是，在一個比較飽和的資訊環境中，情況就
不同了。因爲人人都在一同程度上接觸到有關健康的科學
與技術成果。我們不論有意無意，都就多種選擇作出決策。
每當我們飲食之時，我們都作出這種決策。與人們可能的
假設相反，這種情況在社會所有階級當中普遍存在。世界
並非比過去風險更大，而是風險概念更具有核心重要性。
由於較爲活躍的信任體系的存在，信任也是如此。

皮：在現在社會以前的人們難道不是也面臨著風險嗎？我們難
　道說不能想像14世紀農民的每況愈下，比如面臨患結核病
　的風險嗎？

紀：這都與上面提到的風險同危險或冒險的差異有關。危險和
　危害(hazards)當然一直都存在。例如，中世紀的人生就是
　險象環生。不過，那時人們並不是從風險角度，而主要是
　從命運或上帝賜予的福與禍的角度考慮問題。

皮：風險感的增強達到什麼程度？正如你所表示，我們都必須
　作出更多的決策。但是，我們曾經認為是自己穩操勝算的
　一個問題現在卻常常顯得捉摸不定。知識似乎使我們不再
　抱有一個積極的信念，即我們能夠估計到自己所面臨的風
　險的程度，而能有備無患。我們現在不得不承認，我們實
　際上並沒有以任何十分有效的方式來了解我們面臨一定程
　度風險的可能性有多大。

紀：我是從上面提到的一項差別的角度來處理這個問題的。直
　到最近，社會生活的許多方面還都為「外部風險」所主宰。
　對這種風險以時間序列為依據作出估計是很容易的。衡量
　這一點的一個尺度就是保險公司的估計。這種估計的假設
　是生活方式的相對穩定和自然界的穩定。這些都是以保險
　業的精算為依據的。正如我在前面所提到，保險這一概念
　本身，就與能夠受到人類干預影響的、可估計的未來這一
　概念相符合。今天世界上仍有一些國家，在那裡，對一些
　我們西方人認為理所當然地可以參加保險的項目卻不能保
　險，譬如保健和行李的丟失。在較為傳統的文化中，人們

遭受不測往往被認爲是命中注定的危險。危險是能夠控制的，因而也是能夠保險的，這一思想，即人爲設計的安全概念的崛起，完全來源於啓蒙運動思想。我們現在所發現的是，世界並不完全是啓蒙運動思想家們所以爲的那樣。我們了解世界知識的增多、我們產生資訊的驅使力量，創造了新的風險形式，這些形式是我們從前所未體驗到的，也是無法依據傳統的時間序列所估計的，因爲這種數據不存在。金融市場上的風險也很棘手，很複雜，因爲這種風險的反思性加強了。在電子的全球市場上，人人獲得資訊的機會都是均等的——你所能猜中的事情別人也能猜中，反過來也一樣。

我所說的「人爲製造的風險」（manufactured risk），或者人爲製造的不確定性，它與知識的進步的關係，比它同知識的局限性的關係要大。經濟學家法蘭克・奈特（Frank Knight，他也曾翻譯過韋伯的著作）對風險和不確定性進行了區分。他爭論說，風險涉及能夠估算的未來概率，不確定性則不然。但這一區分是站不住腳的：這兩者之間有太多的模糊區域。風險和不確定性之間，沒有嚴格的差別。人爲製造的風險雖是風險，但卻是一種新類型的風險。人爲製造的風險並不僅僅同人對自然的干預有關，而且還涉及在一個建立在很強的反思性基礎上的資訊社會中的社會變遷。例如，考慮一下婚姻和家庭。直到一代人以前的時候，婚姻還是由已經確立的傳統所構築的。當人們結婚的時候，他們知道自己是在幹什麼。婚姻的構成在很大程度上

考慮到對性別、性特徵等的傳統期望。現在，婚姻則是一個帶有新的風險形式的、開放性強得多的系統。每一個結婚的人都意識到一個事實，即離婚率很高，婦女要求獲得比過去高的平等地位。決定結婚這件事本身的內容就與從前不同。從來就沒有過現在這樣的離婚率和再婚率很高的社會。例如，沒有人知道，這給家庭的前途和子女的健康狀況所帶來的後果是什麼。

皮：新的風險形式和「可保險的」（insurable）東西不斷擴大的範圍之間的相互作用，其性質如何？

紀：有一個變遷的雙重過程。一方面，同過去相比，現在可投保的東西增多了──從貝蒂·葛雷布（Betty Grable）的腿疾開始的事情現在更加普遍了。就連衍生金融產品市場，也應當看作是一種保險：它們是一種暫時緩解風險的努力，爲的是使你現在能夠把幾乎任何東西都拿來投保，無限期地推遲風險的來臨。這是十分有趣的。在保險業機制改變的同時，保險業的範圍也擴大了。另一方面，保險公司紛紛退出它們過去所欣然包括在服務範圍內的一些風險領域，比如一些形式的自然風險，因爲正如它們所充分意識到的那樣，這些風險可能已經不再是「自然的」了。例如，保險公司現在對自然災害的保險業務就提心吊膽。對福利國家，起碼對它的社會保障系統，可以看作一個龐大的保險公司。它也受到風險格局變化的影響。

皮：我想我能夠認識到現代和過去環境中風險的差別。但是，譬如說，福利國家的許多問題難道說不應當用其他原因來

解釋嗎？這些原因包括政治支持根基的改變、國家能力的改變、人口的變化等。例如，一些年紀較大的人從前本來依賴著福利國家，他們與在經濟體中很活躍的人們之間的依賴比率正在變得不利得多。

紀：當然年紀較大的人們的數量增加了。但是，就福利問題而言，問題不僅在於更多老年人的存在，而且還在於老年性質的改變。這深受我所描述的轉變的影響。老年本身正在非制度化，並被從自然中分離出來。老年人的活動積極性正在提高，其反思性也正在增強。曾經被認為與老年有聯繫的病症或局限性，其中有一些基本上由從前的生活習慣所決定。年紀較大的人到一定年齡就「失去社會資格」（socially disqualified），這不再是應該的。我之所以厭惡養老金這個想法，或者看起象徵無能的「養老金領取者」，這個字眼，原因就在於此。它在我看來是一種對福利的依賴。

皮：……但是，在普遍制度範圍內，仍然有一個時期，人們並不應當再工作。這是人們在其中就業社會的一部分，也是這種社會的組織方式……

紀：我認為這必將改變。

皮：噢，這正在改變。但我猜想，人們仍將會活到賺錢的就業時期之後，這段老年時光大概會延長。退休時期將更加興起，但是大概不會採取一種比預期壽命的延長更為重要的方式。

紀：是的，我確信，退休作為一種觀念在一個較短時期裡將會

被廢除，就像在美國已經發生的那樣。人們在不同的年齡
加入和退出勞動大軍的流動性將會增強，他們與工作的關
聯將是五花八門。老年與風險和信託問題有很大關聯。這
過去往往是一個享受榮譽的階段，但現在則遠遠不是這
樣。年齡較大的人和年紀較輕的人們所面臨的機遇與困難
差不多是一樣的。他們再婚，他們過性生活，他們面臨著
「向孫子輩講些什麼」的問題。

皮：你所確認的是種種這樣的領域，人們在其中所擁有的不論
是性生活方面，還是創造性領域中的選擇，都是過去沒有
的。有種種新的事物，人們必須就其作出決策……

紀：噢，問題不僅在於存在著決擇，而且還在於決擇是必須要
的，也就是，由某個人作出。顯然，在所有這一切當中，
存在著很大成分的階級劃分和權力差別。

皮：我想向你提出一個進一步有關信任的問題。信任最初似乎
是一個相當陳舊的想法。在較為陳舊的社會中，它常常具
有宗教涵義（比如在「我們篤信上帝」〔in God we trust〕）。
關於這一點，今天都有哪些方面依然存在？

紀：信任最初的普及來源於與風險相同的一些環境，即在商務
關係中。它的宗教來源重要性較小。信任的名詞形式也來
自這一來源，就是當你談論銀行信用或信託等問題的時
候。如果你認為信任是某種涉及未來而不是過去的東西，
這就是基本的差別。信任從前的形式與傳統的承諾和道德
形式關係大得多，比如對親屬的義務就是如此。現在的信
任所涉及的是較為直接的一種注重未來的關係，不論你所

信任的是誰或者是什麼。

皮：人們認為信任牽扯到相信，而不是經過精明算計的期望。你之所以信任某人，並不是因為他或她實踐自己諾言的可能性的合理估計，而是由於你對一個系統或個人辦成一件事的普遍信心。在某些方面，信心也許是故意地喚起一系列非現代的想法。

紀：不，這並不意味著那種意義上的信心，與它相關的東西可以追溯到安全的主題之上。這就是商業信用所提供的東西，例如金融安全。個人關係上的信任在很大的程度上也是如此。信任要想有效，就必須是相互的。

它在未來偶然性的前面，給人們提供安全。我之所以把它也同人格的基本安全思想相聯繫，原因就是如此。

皮：但這難道不仍然是作為一項非理性承諾的信心嗎？

紀：當然在一定程度上是非理性的，就是一種準備接受別人所能提供的安全狀態。生存的基本條件就是，你必須具有一種籠統的信任概念。這基本上是人們從自己的早期情感經歷中所獲得的一種東西。你若沒有這種觀念，你就遇上很大的麻煩。但要重申，信任要想有效，就必須是相互的——它絕不是建立在盲目信任的基礎上。

皮：但是，我們有常規的或者「粗略的」(rule of thumb)、並非簡單盲人的評估手段，難道不是這樣嗎？以飛行為例。我們當中的大多數人都知道，大多數飛機在大多數時候都抵達其目的地。你之所以知道飛行員稱職，其中的一個途徑就是，你知道這家航空公司從前每次飛這條航線，乘客們

都安全到達。我們不必知道飛行的飛行原理。

紀：我之所以說信用與風險相比並沒有很大不同，原因就是如此。這顯然不純粹是一項感情上的承諾。信用始終有某種估計性的基礎。只有獲得了有關一個人的值得信任的證據，你才會信任她（他）。同樣的道理也適用於專門系統，比如航空運輸。它的安全畢竟是由各種各樣的專業程序和檢查所支持的。在飛機這一實例中，你是在進行一項風險評估，不是嗎？

皮：如果你對此加以考慮，就像我認為你相信人們做的那樣。

紀：噢，人們常常在實踐意識的層次上這樣做。討論風險問題的人們往往低估人的理性。例如雖然害怕飛行，但卻仍然開汽車，這樣做並非特別愚蠢。風險是以一系列價值觀為前提的。例如，可能會使你感到非常不安的事情，你對飛機上所發生的事情是毫無控制力的。

皮：我猜想，信用在現代社會中地位更加顯赫，這樣說的原因之一是，我們在其中沒有控制權，或者我們同不熟悉人打交道，這樣的遭遇和情況比從前多得多。以旅行為例，在以往的社會中，你也許會料到，一個農夫可能永遠也不會到比村邊的酒館更遠的地方去，而且是步行到那裡去。今天為了到這裡來，我在一個專門系統中，搭乘火車旅行，然後又在另外一個系統中乘坐地鐵。看來，在現代社會中，你有必要依靠信用的情況比從前多得多。

紀：肯定是這樣。由於經歷中的開放特性大大增強，所以風險是無法迴避的。命運觀念，甚至對上帝的贖罪，也沒有完

全消失。即使在完全世俗化的情況下，迷信也頑固地存在著。雖然人們在搞這種活動時很難爲情，但是這種活動仍然具有往昔時代遺留下來的一定魅力與犧牲。

皮：我想提出一個進一步的問題，它涉及專門知識、專家的見解和行動者的認知能力。

紀：專門技能的崛起也是現代性的一個重要部分。專門知識和宗教領導人、巫醫、精神領袖等等的傳統性的自稱知識淵博，這兩者之間是有差別的，因爲專門本領所依賴的知識從原則上講人人都能獲得，而不必爲此目的而舉行專門的神秘儀式。因此，對我們當代生活的一些方面，我們大家都是專家。

皮：嘿，這正是我曾經想要提出的問題之一。從意義上講，可以說專門知識恰恰牽涉到神秘的禮儀，從各種專業的社會學角度來看，專門知識的種種體系往往被加以特殊的標示，它們具有特殊的規範、信念、相互影響的形式、自己的專門術語等等諸如此類的東西。這些東西從一定意義上講保護著這種活動，使這些形式的知識神秘化。

關於專家系統的困難，讓我來舉一個特別的實例吧。這個例子與核能發電問題有關，你也就這些問題寫過文章。核能發電究竟是一項對環境具有極大破壞作用的技術，還是產生乾淨能源的唯一途徑，在這個問題上，「專家們」當中存在著嚴重分歧。現在，內行的意見看來不是偏重一個極端，就是側重另外一個極端。但對一個普通人來說，問題在於，她（他）對於誰是正確的問題，無法作出判斷，而

且這些意見當中之一可能有很大的權威份量，這一事實在作出判斷方面並沒有很大價值。

紀：在我看來，這正是我們依賴專門知識的窘境的特點。我認為這並不是核能發電所獨有的問題。籠統地說情況就是如此：在所有權威當中並沒有一個最後的權威是可以求助，因而在我們生活的不同領域中，我們大家都既是專家，又是外行的普通人。這使我們回到了信用與風險問題上。因為在某一時間點上，人們必須作出決策，或者也許是決定不作出決策，但卻沒有任何最高權威可以求助。這樣生活得很艱難的，但這就是我們必須採納的生活方式。

皮：這只是由於核能發電是一個特別重要的、帶來重大後果的實例，它明確顯示了專家系統所存在的問題。

紀：它顯示了一些重要的方面，這些重要方面表明，在一個存在著多種專門知識和對擁有權威的多種宣稱的世界上，世界是怎樣的。這也同我們擺脫傳統和自然界之後的自由有很大關係。而且這已經十分普遍化了。在考慮專門知識的時候，我們不應只考慮一般的領域，還應考慮像諮詢之類的活動。個人生活也遭到專門知識的入侵。在這方面，人們恰恰發現了同樣的困境。打開工商電話號碼簿，在心理治療欄，能夠找到15種不同的醫生廣告。有誰說得準你應當給誰打電話？有誰能夠向你提出忠告，說明這種治療是否完全是無稽之談？只有專家們自己。但他們往往也有分歧，否則首先就沒有50種不同的療法了。在一些問題上，研究結果或證據具有準確的結論性，專家們是用一個聲音

說話的。但在許多情況下卻眾說紛紜；就連在生活中一些最平常的事情上，我都發現了這一點。前來修理的不管是什麼東西，每位工人都總是這樣說在他之前修理的工人：「怎麼會有人這樣安裝？怎麼搞成這個樣子？」

皮：但在這些實例中，對外行的普通人來說，作出判斷要容易得多。如果工人說自己活幹得漂亮，但水管卻不流水，或者水總是冰涼，那麼你就有一定理由認為，他的工作作不好。核能發電則要棘手得多，這不僅因為它的複雜性和規模，而且由於這樣一些問題：你何時才會知道，而且怎樣才能知道哪一位專家的宣稱是對的？

紀：是的，但在這兩個實例之間，沒有什麼明顯的不同之處。像核發電這樣的事例還多得很——這就是現代社會後期特徵的複雜性。當專家們沒有達成共識的時候，人們在公開場合宣稱知識淵博就總是有問題的。例如，在狂牛症這個案例中，中間偏左派的一般解釋是，這個問題產生於食品工業的缺乏管制，使公眾意識到整個這一問題的工作本來應當做得早一些。但是，狂牛症的起源與其說是管制措施不夠充分，不如說是我早些時候所提到的同自然界的脫離。如果公開宣布這種風險，這本身就是件風險很大的事情，沒有任何絕對的指導方針可以遵循。有關狂牛病與人類關係的公告給經濟體和牛肉工業帶來嚴重後果。但另一方面，如果當時對此秘而不宣，同樣是值得懷疑的行為。在被指責危言聳聽和欲蓋彌彰之間，人們進退維谷。鑒於這種風險局面的爭議性，我找不到解決這一問題的明確策

略。對政府和各個工商企業來說，在滄海桑田的高科技世界上，很難知道對誰說什麼好，怎樣說，以及何時說。

皮：由此引出的問題是，在現代性後期，知識已經商品化，知識的產生與傳播服從於商業上的需要與利益，這樣說合乎實際情況嗎？

紀：很顯然，在一定程度上的確如此。有一些十分緊迫的任務是市場規定的，但科學已經全球化，公開化，而且基本上是無法控制的了。科學事業並非簡單地服從於心猿意馬的商業利益，沒有人知道科技創新將把我們引向何方。

皮：我是從普通人對自己所獲得的說法的評估和信任的角度來考慮問題的。普通人所著眼於的事情之一，是大致地看一看，誰付這個人的開銷，讓他說這做那的。例如，假如你是從菲利普‧莫里斯(Philip Morris)煙草公司領取薪水，你跳出來說，吸煙和肺癌有聯繫這一點沒有得到證明，則人們有可能持較為嚴重的懷疑態度，不像如果你是為醫學研究理事會工作那樣篤信不疑。

紀：這些考慮是相關的。但是，關於專門知識和自稱有知識的行為所造成的影響，有一些較為普遍的問題。例如，一個商業組織可能會給一組科學家一項特殊任務，即得出某個結果，但它們不會也不能考慮到這樣做所帶來的全部後果，食品的基因改造就是如此。沒有人知道中長期的後果可能會是什麼，因為它們是無法事先測出的。對這些問題來說，狂牛症是一個典型的實例。沒有人知道，這種病的漫延影響可能有多麼嚴重。我們被種種領域所包圍，在其

中，我們並不真正知道我們給事物的現存秩序造成了什麼影響，以及後果將會如何。

皮：你在這裡和別處都似乎是說，在現代性後期發展中，有一種強化和普遍的焦慮感（anxiety）。

紀：我並不這樣想。差別只是焦慮感的來源不同而已。在中世紀時，正如我們在前面提到，有許多需要擔憂的事情。現在唯一的特點是，焦慮的來源所涉及的是我們給世界造成的後果，而不是上帝有可能給世界，或者給我們造成的後果。

皮：但你說過，在現代性的後期發展中，使我們忐忑不安的種種事情，其中一些方面有著質的不同——核子武器就是其中之一，另外一個就是全球整個基礎設施所面臨的危險。因此，對於一些事情，我們現在起碼具有潛在的焦慮情緒，因為與從前各個時代中擺在人們面前的事物相比，這些事物也許起著更大的催化作用。我們在一定程度上也感覺到這些事情的發生，有一種在科學上可察覺的風險，有種種可能性，其實現十分遙遠，但卻具有極大的災難性。這也許足以促使現代性後期的人們的不安情緒超過其前人。

紀：我表示懷疑。當然有一些後果嚴重的風險是我們自己造成的。由於我們承認是我們自己造成這種風險，所以它們與從前時代中對上帝的敬畏和被歸咎於妖魔鬼怪的另外一些形式的催化劑是不同的。現在有許多形式的危險存在於我們周圍，其中有許多與從前時代中的危險是不同的。但是，除此之外，我認為不能進一步妄加評論。

皮：在談論現代性特徵的過程中，有一件事我們沒有加以十分
　　明確的討論，這就是反思性思想。你說這一想法十分重要，
　　實際上它可以追溯到你曾經談論的有關知識豐富的行動者
　　和實踐意識等問題。

紀：它也同我們所談論的所有事情都有關。反思性有兩個涵義，
　　其中一個十分籠統，另外一個則與現代社會生活有較為直
　　接的關係。一個人考慮自己的所做所為，就是其做為的部
　　分內容，從這種意義上講，所有的人都具有反思性，不論
　　人們是有意識地，還是在實踐意識的層次上這樣做。社會
　　反思性所指的是這樣一個世界；它越來越多地是由訊息，
　　而不是由事先給定的行為方式所構成。這就是我們在傳統
　　和自然界消退之後的生活方式，因為我們必須作出如此多
　　的前瞻性決策。從這種意義上講，同前輩相比，我們的生
　　活方式的反思性要強烈得多。

皮：你在《現代性的後果》一書中的言論和德國社會理論家貝
　　克（Ulrick Beck）在《政治生活的再造》（*The Reinvention of
　　Potitics*）中的議論，這兩者之間或許有一種鮮明的對照。貝
　　克把簡單現代化和反思性現代化在時期上劃分開來。你是
　　否認為我們已經從一種「簡單的」現代社會模式轉移到一
　　種「反思性」較強的模式上？

紀：是的，儘管這種劃分並非十分清楚。反思性現代化就預期
　　的現代性作了一定的說明，考慮到了現代社會本身的局限
　　性和困難。這涉及現代政治生活的一些至關重要的問題，
　　因為簡單的或線性的現代化在世界的一些地區仍占主導地

位，特別是在東南亞，起碼到最近為止是這樣。在西方和
發達的工業社會中，則具備了反思性現代化的條件，因為
在這裡，現代化的關鍵問題是現代化本身都牽涉到什麼的
問題。

皮：你有時還談到最近時期是「激進的」（radicalized）現代性。
它有多麼激進？

紀：噢，這實際上是同一回事：傳統和自然界的日益被侵蝕。
現代性的激進化意味著被迫以一種反思性較強的方式生活
與面對一個較為開放的和問題棘手的未來。

皮：一些人斷言，現代性的這一轉變過程實際上正在使我們陷
入某種具有後現代特徵的境況。你看來拒絕作出這種判
斷。

紀：是的。另外一些人稱為後現代的東西，我則認為在我們所
討論的意義上是現代性的激進化。現代性的強大源泉依然
存在：資本主義的擴展、科學與技術的使之脫胎換骨的效
應、民主制度的傳播等。因此，我寧願談論反思性的現代
化，而不是所謂的後現代性。只存在現代性，因而我們只
能透過對現代性的反思來考慮現代性；這還意味著通過科
學與技術。只有通過科學與技術，才能迴避科學與技術。

皮：描述啟蒙運動的一種方法是通過「敢於求知」（dare to know）
這一座右銘。從一些方面講，你的論點看來是，曾有一個
時代，當時對科學與知識的獻身導致了較為積極的期望：
即認為我們能夠通過知識控制和改造世界。但是，在這種
獻身的範疇內，也存在著這樣一種認識，即如果你真正敢

於認知，則你到頭來會認識到，自己知之甚少，或者說，是認識到自己能夠有把握地認知的事物並不多。在我看來，你想要把這兩種認知都包括在現代性之中。後現代學派的論點是否有道理？他們說，其中第一種認識途徑，即期望獲得控制力和世界在知識面前的可塑性，與第二種，即疑心大得多的、不確定的認識方面相比，是迥然不同的。

紀：這是不是人們一般認為的後現代性概念的主要特點，對此我不確定。比較準確的說法是，我們正在經受與科學技術的一種新的遭遇。在很長時間裡，同現在相比，科學技術與日常生活的隔絕曾經較為嚴重。今天，科學發現和技術變革以一種直接的方式影響著我們——同過去相比，我們同它們有著較強的對話或追根究底的關係。科學研究的專家們所發現的一切，我們都發現了，這就是，科學的進步建立在集體的質疑基礎之上，即就連對最為篤信不疑的信念，也準備予以放棄；此外，科學的進步還建立在爭論和科學專家的相互批判基礎之上。

訪談錄之五

從親密關係的轉變到人生政治學

克里斯多福・皮爾森：你說過，現代性或後期現代性兩種方式
　　表現出來：其一是範圍十分廣泛的全球化方式（這一點你在
　　前面談到了），其二則是一種十分集中和個人化的方式。你
　　還談到過現代性如何改變親情和個人關係的性質。我很想
　　知道，你能否就現代性改造自我特徵的這些方式問題談點
　　意見。

安東尼・紀登斯：要想回答這個問題，我們需要進一步探討傳
　　統、習俗和習慣的不斷改變的狀況問題。現代性總是與傳
　　統作對。但是，在許多領域中，傳統都是堅持不懈的，特
　　別是在日常生活中。其原因主要是父權家庭的主宰地位。
　　這種家庭仍未實現民主化。這種家庭形式，連同與其相關
　　的性別和性生活常規，都正在分崩離析，這不僅帶來了機
　　會，而且造成了困境。

這裡所涉及的變遷不僅表明了親密關係的轉變，而且在某種意義上，還表明了親密關係的建立。有關親密關係的言論是一件較新的事情；它所反映的是一個傳統消失以後的世界，在那裡，情感的溝通對維持婚姻內外的關係，變得至關重要。父系家庭當然反映的是男人在經濟上的主宰地位。但在我看來，它在情感上的不平等同樣重要。它分配給男性的是一個核心角色，把純淨的女性同婚姻相聯繫，把她們與形形色色墮落的女性——妓女、歌妓和淫女——分離開來。這種涇渭分明的對女性的觀點在兩性當中都依然存在。但是，它顯然有悖於經由平等溝通而形成的關係。在其可能實現的地方，「親密關係」暗示著在現在人們所說的「（男女）關係」中的平等特性。這種「關係」也是一個較新的詞，它在一連串親情觀念和行動中得到應用。

所有這一切都是全球化的另一極端。在這裡，全球化不僅意味著經濟變革，而且意味著範圍廣泛的結構和制度變遷，它對日常生活產生著深刻影響。有關「傳統家庭」的辯論必須考慮到這一背景。一些社會評論家認為，我們應該設法恢復這一家庭形式。就單一形式的傳統家庭（我們知道這種單一形式並不存在！）而言，它是大權至上的，建立在上面提到的男女感情的分裂和兒童沒有權利的權威體系的基礎之上。這些領域中發生的變革是個人生活民主化進程的部分內容。破天荒第一次，從原則上講，男女平等相待，兒童也享有了權利。與此同時，對於「傳統家庭」黑暗的一面，對於它的令人不快的和帶有剝削性質的方面，

種種異乎尋常的事情被揭露出來。如果把這些事情同有關社會中最受尊敬的線人行為的證據放在一起，則傳統家庭制度就不再顯得十全十美了。私生活領域中內生的民主化有其帶有危機性質的方面，特別是圍繞著離婚和沒有父親的兒童問題；但是，這些變化本身就帶有全球性質，我認為任何社會都無法逃避它們。

皮：這一變化實際上是發生在人們體驗生活的方式上呢？還是一種就將事情披露出來，予以公開化，特別是就實踐上來講的變化？

紀：兩者都是——它們相互伴隨。建立男女關係，不論是結婚與否，都意味著彼此打開心扉。男女關係通過開誠布公來產生和維持信任。光說「你是一位妻子，我是一位丈夫，這界定了我們的角色」，這是不夠的。親密關係有其自己的矛盾和問題。只要是在傳統和習俗衰敗的地方，迷戀的可能性就會出現，這也適用於男女關係領域。相互依存的思想在這裡是很有趣的——這就是某些類型關係的相互強迫性。它是一種生活方式，但並不是一種十分令人滿意的生活方式；它是良好關係的反面。良好關係的基礎是彼此的信任與承諾。

這些變化及其造成問題的方面，在與其完全不同的領域中也能找到同類。考慮一下管理工作性質最近的改變。20年前，管理通常被認為是描述一種靜止現象的用詞——即指管理層級而言。現在，管理指的是管理工作，它是一種積極的努力，管理者和職工雙方都得工作。建立網絡的工作，

其情況與此相似，因為它是在一個正在實行非傳統化的社會中積極維持聯繫的方式。在一定程度上，人們仍然能夠依靠已經確定的角色；但是，建立網絡意味著以一種積極和開放的方式與他人建立關係。這牽扯到我所說的積極的信任；今天，社會生活的許多其他部門的情況也是如此。網絡溝通帶有濃厚的平等主義色彩；它所喚起的是談論親密關係，儘管它顯然不同於友誼。引人注目的是，現在有多少人一旦相識就用名字（first name）相互稱呼，而僅僅幾年前都還不是這樣。這是一種「樸素的」（stripped down）親密關係，因為人人都知道，其中像贈送禮物一樣，暗藏著一種欺騙。一個人對他人友好；但是同時，人人都接受一種看法，即這裡面暗藏著另外一層涵義，就是有用的聯繫在此過程中建立起來。很多生意現在都是這樣做的，學術界的許多生活也是這樣度過。

皮：我猜想，一些人會說，這種關係不利的一面是，在一定程度上，真正的親密關係或者友誼，有被商品化的危險。互相直接以名字稱呼的不僅有一起工作的人們，而且還有冷不防打電話給你推銷其備用窗戶的商販。

紀：這在較多情況下是人們從一種基本上較帶平等主義色彩的關係中賺取利益。而人們通常只是同他們界定為與自己地位不相上下的人建立網絡。雖然這並不一定造成平等主義，但是這的確依賴一種平等假設，即默認，人們的能力和他們對從別人那裡所獲得的東西的期望，都是有其限度的。（在寫作《親密關係的蛻變》〔*The Transformating of*

Intimacy〕一書過程中，）我利用有關「自助」的書籍作爲一種研究的資源，以探索親密關係。最近，在研究網絡溝通問題時，我又這樣做了。這些書籍說，網絡溝通的原理之一是，關鍵不在於你認識誰，而在於誰認識你。一個人所努力做的是使自己在人際網絡中顯露出來，因爲網絡中人們可能能夠幫助他（她），而且這個人也可能能夠幫助他（她）們。在權力圈子的較高層級中，這很像舊的特權階層，但其組織方式卻活躍得多，而且對它有必要進行不斷的努力，就像對待親密關係一樣。

皮：親密關係的蛻變在性別領域中的應用大概是最深刻的。你認爲這一過程在多大程度上是由一個意志堅定的政治運動所推動，這些變化在多大程度上是範圍廣泛的全球化社會進程的一個副產品？

紀：我認爲它們之間是有聯繫的。例如，以其現代形式所表現出來的婦女運動，如果沒有改變勞工性質的結構變化來推動更多的婦女加入勞動市場，沒有舊有家庭形式的改變等等，本來是不可能的。婦女運動自覺地利用了這些趨勢並予以助長，婦女運動中的活躍分子們充分意識到這種結構性變化，而且實際上最先對其進行有效分析。但其後果卻是沒有任何人充分料到的，包括從歷史觀點來衡量的婦女地位改善的迅速。

不久前，許多人說：「我們在這裡所應付的是幾千年的歷史，這怎能一蹴而就？」但是，男女地位的改變的確在較短時間裡就發生了。

皮：你是說這一領域中的變化快得驚人。我想問你，你眞正的變化有多大。對生活在後期現代性來說，愛情、性生活、男女關係等與從前有多大不同？有多少舊時代的惡習隱藏在新形式下面？

紀：我認爲變化很大。一些人說他們想恢復傳統家庭，他們顯然承認這種滄桑的巨變，否則他們就不會說危機有多麼嚴重。但正如你的言外之意，新的事物中有重舊的東西存在。例如男人對女人的性暴力問題。在前現代和現代性早期時期，男人曾經監管女人的性生活。他們不僅通過直接控制女人，而且通過男人對男人的制裁，包括暴力手段，來達到這一目的。這樣一來，他們就爲「貞潔的」女人和「墮落」女人之間的劃分進行辯護。男人已經不再能夠以這種方式監督女人的性生活了。現在，男人對女人的暴力行爲有很多可能，並不是舊制度的頑固存在所致，而是由於無力或者不願適應新的情況。就是說，這不僅是傳統父權家庭制度的延續，而且是對其崩潰的反應。

同一些批評家相比，我對當前情況的看法是比較積極的，這部分是由於父權至上家庭的一些方面，包括這種監督，按照目前標準來衡量，堪稱暴行。與此同時，正在發生的事情是一場冒險，我們不知道這一切的結果將會如何。與此相伴隨的是兒童角色的改變，特別是「受到珍視的孩子」(prizedchild)的出現。現在在西方國家，幾乎不再有任何人生兒育女是出於經濟上的緣故——在英國，供養一個孩子的一生計算，需要花費5萬英鎊。兒童獲得「半神秘(semimythcial）」的地位，圍繞著養育和保護兒童等等的特質就發生變化。我們現在看作虐待兒童的事情，過去卻是出人意料地司空見慣，包括文化中被准許的殺嬰。在我們看來，殺害一個嬰兒是滔天大罪。現在兒童享有權利，人們愛護兒童，而且大多數人生育孩子都經過事先的周密考慮，這些都是很好的。這些都是民主化的方面，不論它們有可能帶來什麼樣的進一步問題和焦慮。

皮：我們有過一段鬧得喧騰一時的虐待兒童的歷史。我們並不真正了解，是這種虐待有了新的形式並達到新的程度呢，還是僅僅是一直都在發生的事情被揭露出來。一種判斷難道說不是很難的嗎？這種判斷就是辨明什麼是新情況，以及什麼是更多的披露或新的情感。

紀：就（我們現在所認為的）虐待兒童事件而言，情況很難說。如此嚴重的虐待可能是一直就存在的，其中包括性虐待。很容易看到，這種做法是如何世代相傳的。但我們永遠也不會知道真實情況。

皮：我在這方面僅提出最後一個提議。你說純潔的關係是我們時代的一種特色。我猜想，懷疑論者也許會問，從你的意義上講，我們的關係已經變得多麼純潔？雖然許多人會承認，已經發生的變化是很大的，但是有許多婦女仍然發現，自己與人的關係是出於物質上的或經濟上的原因。對她們當中的許多人來說，選擇的餘地仍然十分有限。

紀：顯然有一強烈的階級因素，就像在性質不斷改變的整個傳統和習俗領域中一樣，其影響對個人關係範疇尤其巨大。

皮：這麼說，純潔的關係「純潔」到什麼程度？

紀：噢，它們實際上十分不純潔！我們現在有一種偏愛這樣一種關係的趨勢，就是建立在感情溝通，而不是制度約定的性別角色基礎上的關係。這種關係存在於男女之間，同性伴侶之間，還有父母和子女之間。但在許多情況下，傳統的家庭形式依然存在，舊的態度頑固不化。純潔關係的想法是一種理想形式──實際情況很複雜。儘管如此，要重申，這些變化是巨大的。我們當中的大多數人，不論是富足還是貧窮，都正在竭力應付它們，但尚未得出一個明確的制度性結局。關於個人生活的民主化，與公共領域的情況不同，並沒有明確的制度性支持和框架。

皮：我可以在這個過程中只問你一個問題嗎？這就是關於你描述這一進程的方式，你稱之為民主化、個人民主，或者「民主的親密關係」。你為什麼說這一過程是「民主化」？

紀：因為它的確緊密追隨公共生活中的民主理想。我撰寫《親密關係的蛻變》一書時，把大衛・海爾德（David Held）的著作《民主模式》與有關親密關係的一本典型的自助書籍放在一起。據海爾德說，引人注目的是，正式民主制度的常規多麼像良好的個人關係中的常規。民主意味著承認，所有的人都是平等的：每個人都擁有一張選票，沒有任何人的選票比任何別人的更有份量。在民主制度下，政治生活建立在對話，而不是暴力或強迫或傳統基礎之上。起碼在原則上，問題得到公開的討論，人們為達成共識而作出努力。

在良好的個人關係中，每一方也都是平等和自治的，問題
也得到討論，而不是被藏起來，而且這種關係也是不含有
暴力的。在公共民主和個人關係中，溝通具有至關重要的
作用。如果一個個人關係中沒有實際的相互交談的空間，
則這一關係就往往令人恐懼的，抑或淪落到一種習慣性結
構之中。溝通意味著在必要時能夠表明和交談。但是，不
論在民主制度中，還是在一個良好的個人關係中，要說我
們應當無時無刻地交談，那也是愚蠢的，因為這樣會使我
們發瘋！但在這兩種情況下，都有機會影響別人的行為，
而又不動用武力，也不求助於傳統的力量。

皮：良好的民主做法和良好的個人關係果真像海爾德所說的那
　　樣，都恪守「自主原則」（principle of autonomy）嗎？一位政
　　治學家考慮民主，他很有可能考慮依法行政、透明程序等
　　等。適當的程序和遵循法律並不是你可望在良好的個人親
　　密關係中所看到的東西。良好的個人關係通常並不是歸結
　　為一張選票的！

紀：噢，良好的民主制度也並非如此！正如韋伯所說，一般地
　　講，如果一個政治制度運轉良好，則人們信任政治領導人，
　　並放手讓他們去作。但是，人們若想要讓自己的領導人下
　　台，就能夠這樣做。因此，民主的個人關係的一項核心原
　　則是離婚或分居的可能性。在傳統家庭裡，婦女在法律和
　　實踐上，由於經濟上的原因，是其丈夫的財產，沒有脫離
　　一項婚姻的可能性。就法律而言，公共民主和個人民主之
　　間的聯繫是緊密的，因為在這兩種關係中，合法權益和義

務都具有核心的重要性。

我認爲所有這一切並沒有簡單地和必然地會導致幸福生活。事情比這要複雜。公共領域中的民主有其自己的問題和弱點──它並不是能夠消除所有社會困難的萬靈丹。個人生活的民主化大致也是如此。不但從前所確立的對性別和性生活的態度頑固地存在著，而且純潔的個人關係也有其自己的矛盾。例如，你若對某人貢獻出自己，對他（她）推心置腹，則他（她）若想牽著你的鼻子走，就能夠這樣做。在任何近乎純潔的關係中，從某種意義上講，總有一方是願者上鉤。

皮：噢，人們不想每天早晨起床後，都給彼此的關係重新造成問題！

紀：當然是這樣。在一個幸福關係中，信任之所以十分重要，原因就是如此。但是今天，這必須是積極的信任，而不是對制度化角色的依賴。

皮：在一個特定例子中，由此產生的是一件比較籠統的事情，就是你處理現代性和現代性後期的方式。你所確認的一些過程似乎指的是與傳統社會迥然不同的現代社會的特點。在另外一些事例中，你似乎是說，實際上，現代性後期是對曾經在別處和在現代性早期發生的事情的逆轉。你認為關鍵的決裂是現代性後期的到來呢，還是傳統社會與現代社會之間的劃分？

紀：最根本的劃分當然是前一個。但是，有十分充分的理由占據著現在發生著的事情。我認爲有一種新型資本主義、新

型經濟體、新型全球秩序、新型的個人生活，它們都正在產生的過程之中，都不同於社會發展的過程階段。

皮：我想再多談一點傳統與現代社會這一主題，然後要求你將這些同我們的個人生活方式聯繫起來。你大談的是影響傳統的種種變遷。你能夠給傳統下定義嗎？

紀：傳統使我們再次回到時間這一主題上。它是一種途徑，通過它，過去在現在中生活著，從而塑造著未來。傳統涉及如下特質：(1)它們依賴儀式(ritual)，儘管這種儀式往往並非總是採取集體儀式的形式；(2)它們涉及重複性，因而有一定的經典性；(3)它們暗示著一種「儀式真理性」觀念。傳統的真理性體現在其實踐體系之中。這是傳統辦事方法和建立在理性或科學研究基礎上的方法之間差別的核心。當然，特定類型的活動或制度可能會涉及其中每一類型的一些要素：例如，科學研究的實際做法可能會獲得傳統特徵。(4)傳統總是具有集體性：雖然個人可能會擁有自己的儀式，但是這種傳統是集團特性。(5)其原因正如法國社會學家哈爾柏克(Maurice Halbwacbs)所指出，就是傳統屬於集體記憶的一種形式。它通過儀式來傳授經驗。

我們必須回避圍繞著傳統觀點的一些錯誤觀念。認為傳統一成不變，這是一個神話。席爾斯(Edward Shils)所著的有關傳統的最出色書籍闡明，傳統並沒有凍結。變遷一般是漸進性的，因為儀式和重複具有核心重要性另外一種看法也是錯誤的，這就是認為，一種特定類型的行為只有已經在很長時期裡存在——經過幾百年——方才具有傳統性。

這種傳統信仰和實踐的確存在——世界上的主要宗教歷經幾千年，卻仍然完好無損。然而，傳統所賴以存在的是它採取儀式方式對自身真理性的斷言，以及與此有關的儀式要素。傳統的發明和穩定化能夠在很短時間裡實現。

歷史學家霍布斯邦(Eric Hobsbawm)杜撰了「傳統的發明」(the invention of tradition)一詞，以指19世紀的特權階層所故意培養，以作為自己權力要求的部分內容的儀式形式。例如，王權的一些裝飾在我們看來好像已經有幾個世紀的歷史，但實際上是19世紀末才形成的。人們暗示，它們歷史不久，而且是故意製造的，因此不是真正的傳統。我認為這一看法是錯誤的。縱觀歷史，傳統一再被發明，都帶有或多或少的做作性。傳統與權力密切結合。例如，基督教傳統大體上都理所當然的以為，婦女在公共領域中沒有角色可扮演。

最後，我們應當認識到傳統幾乎從來都沒有一致性。對傳統的解釋是不同的，儘管所有參與者可能都宣稱自己信守同一經典文本，實際上，其中每一方可能都宣稱自己是經文的唯一真正的詮釋者。

皮：你談到當代青商會中「傳統的終結」(end of tradition)。但這實際上意味著什麼？我不能理解，按照你說的傳統怎麼可能有朝一日消失，因為它看來是社會生活的一個十分普遍的特色。

紀：正像「自然界的終結」(the end of natwe)一樣，傳統的終結並不意味著它所描述的世界消失，而是說它在我們生活中

的角色轉變了。傳統文化和傳統的做事方式在全世界都頑強地存在著，包括在西方社會內部。傳統的發明和再發明過程繼續著。與此同時，主要由於全球化和反思性的增強，所以在我們生活的重要領域中，傳統（及其儀式化程度較低的表兄弟習俗）被改變或摧毀。傳統溶化爲庸俗文藝作品、紀念品和廉價首飾，遊客們在機場的商店裡能夠買到這些東西。抑或，傳統變成遺產產業，旅遊業本身就應當包括在其中。遺產並非傳統，因爲它缺乏集體參加儀式和重複的核心要素。它是淪爲排場的傳統。最後，在當今世界上，傳統瀕於成爲一種危險得多的現象——基本教義思想。在我看來，基本教義思想是現代性後期中傳統命運的部分內容。

皮：可是，你能更準備地談談基本教義思想實際上是什麼嗎？這個詞看來經常被用來簡單地描述人們恰好不喜歡的集團的信仰。一個人所說的基本教義派，在另一個人看來卻是忠誠的信徒。看來在別人稱之爲「基本教義派」的人們當中，很少有人接受這一標籤，認爲它對自己是適用的。例如，激進的伊斯蘭教教徒們就根本不接受這一標籤。

紀：我認爲，基本教義思想是一個最近才出現的現象。這個詞從1970年代開始才被普遍採用。在我看來，基本教義思想是傳統與一個追問原因的國際化且反思性世界的一場苦鬥。它並不僅僅是不同類別的真實信徒之間的決裂：美國哲學家理查‧羅提（Richard Rorty）談到「使人類超越民族偏見的改造」（cosmopolitan conversation of humankind），基本

教義思想是對它的一種故意拒絕。拒絕對話，一口咬定只有一種世界觀是可能的，自己已經擁有了它，這種做法在當今世界上有一種特殊和具有潛在破壞性的重要意義，因為這個世界恰恰越來越依賴它。基本教義思想是這樣一種觀念，它只有在現代性後期，即在對現代制度的籠統和激進的闡述背景下，才有意義。

它可能是由與從前現代中的狂熱信仰相同的情緒所驅動，但對我們來說，它的涵義是不同的，它的內容也是不一樣的。基本教義思想是自覺地與現代社會為敵的傳統，與此同時，它又吸收了種種現代素質，甚至還利用現代科技。美國的基本教義派最先積極地利用電視作為宣揚其理論的一種手段。

像意識形態一樣，基本教義思想並非任何特定的信仰或實踐。基本教義思想是利用儀式的真實性來積極否定對話的一種行為，因此，它並不限於宗教領域。基本教義思想採取民族性、民族主義和政治的形式是可能的，而且正是這樣做的。一個給定的集團是否願意接受基本教義這一術語，這並沒有直接的關係。正像所有的社會學術語一樣，它成了它描述的鬥爭本身的部分內容。

皮：你似乎是把基本教義思想當作敵人來對待。它有沒有什麼積極的方面？

紀：我的確認為，打擊思想應當是一個首要的政治目標。基本教義之所以危險，是因為它總是帶有暴力的可能性。在從個人生活到全球體系的整個歷程中，對話都提供了用溝通

來取代暴力的可能性。我們的文明現在具有內在的世界
性。基本教義思想威脅著它的存在本身。

紀：由於我所說出的原因，對基本教義思想，必須把它看作不
同於傳統之間衝突的某種東西。基本教義思想並不等於批
評西方化。例如，伊斯蘭教的各個運動和集團往往被西方
觀察家一古腦地看作帶有基本教義思想性質，而不加以區
別。像任何世界性宗教一樣，伊斯蘭教包含著許多不同的
解釋與觀點，當然它還與基督教有著共同的淵源。

紀：基本教義思想的確具有積極的方面，儘管在我看來，除非
我們有所克制，不接受基本教義思想本身，否則這些方面
是無法實現的。科學與技術，即推動現代社會前進的文化
力量，其所依賴的是一種假設，即「沒有任何東西是神聖
的」。鑒於新的知識，所有信念和實踐從原則上講都是可
以修正的。基本教義派對這一原則提出質疑，這樣做是對
的。因為，沒有任何事物是神聖的，這一信念被推至極端，
是無法容忍的——我們的生活中將沒有任何道德秩序保留
下來。對我們，即希望看到一個國際化世界蓬勃發展的人
們來說，問題在於使承諾和懷疑情緒相互調和。這再也不
是一個抽象的問題了：我們在自己的日常生活中已經在這
樣做。這種新的和解有助於解釋個人關係和親密情感領域
中正在發生的事情的一些特徵。

皮：在有些情況下，捍衛傳統是合理的嗎？

紀：這樣的情況很多。我們所不應嘗試的是以傳統方式來證明
傳統的正確性，而基本教義思想則正是試圖這樣做的。要

想使傳統不致淪爲我所提到的其他形式，就必須證明傳統的正當性；但在一定意義上，傳統的全部要旨在於，通過它對自身儀式的真理性的斷言，它自己就證明了自己的正當性。在一些情況下，爲這一點辯護或許是合理的。例如，或許可以爭辯說，同國會相關的一些儀式應當保持下去。但這是因爲它們提供了連續性，促進了政治合法性。不管人們從任何角度觀察，在一個建立在對話和說明基礎上的世界中，傳統都不可能是一成不變的。

皮：你談到在不由自主的強迫作用和成癮現象增多情況下，現代社會中傳統地位的改變，這是爲什麼？

紀：在我看來，強迫作用問題和成癮概念的範圍擴大是非常有趣的。強迫性按照佛洛伊德的分析，稱爲「迷戀強迫性」（Obsession-compulsions）——顯示出強迫性方面的日常習慣，譬如某人非要把手洗上40遍，才相信洗乾淨。迷戀強迫仍然存在，但今天，強迫的重要性變得籠統多了。考慮一下成癮性的歷史。19世紀沒有人知道「成癮者」是什麼。「成癮」最早是被用來指酒精成癮和人們現在所說的「吸毒成癮」。這些東西是進入20世紀以後很長時間才出現的。酗酒在公共當局看來，老早就已經是一個問題，但它主要涉及的是醉酒和社會秩序的混亂。「酗酒者」的概念——它涉及成癮的醫學術語——那時並不存在。當時的「醉漢」是一種與現在不同類型的人物。

皮：使我尤爲感興趣的是成癮這一概念遠遠超出了原先的酒精和毒品範疇。當今可以說一個人對任何東西的成癮，從工

作、健身或飲食直到個人關係、性慾甚至愛情都有。這僅僅是這一概念的擴大呢，還是我們的社會變成了一個更為成癮的社會呢？

紀：我認為兩者都是。通過提及我們一直在討論的變革，可以使它們得到解釋。例如，考慮一下性生活的成癮。從表面上看，這種概念似乎很荒唐。因為人們難道不能爭論說，無論如何，性生活都是人類生命的一股推動力量——成癮這一概念怎麼可能在這裡有什麼市場？但這是可能的，也是實際情況，如果我們認識到，談論成癮就是談論強迫作用。每天給性熱線打好幾次電話的男人每次都會對自己感到厭惡，但卻不由自主，顯然他是陷入了性慾強迫的循環之中。所有的成癮都有一種類似特性。它們在開始時有一個樂趣的來源，不論這是人們對某人的一項成功作品的稱讚，某人從早晨跑步，從食物或性生活中獲得的快樂。這種愉快若變成一種定時的癮，快樂的來源變成一種恍惚狀態，愉快的成份從中消失，則它就成為一個毒癮周期的一部分。許多毒癮周期都是越陷越深：個人若不定期地過癮，就不能生活，過癮的間隔時間越來越短，焦慮越來越強烈。對我們來說，強迫作用是健康生活的主要敵人之一。我把它當作傳統的消退的另一方面來解釋。任何生活狀況，只要傳統從中撤退，強迫作用就可能侵入。在所有此類情況中，一方面是自主權的增加，另一方面是強迫作用，這兩者之間的關係都很緊張。像傳統一樣，成癮所涉及的是過去對現在的控制。成癮不是儀式性的、道德性的和集體性

的，而是個人性的，被焦慮和不安所脅迫的。

像傳統一樣，成癮的特點也是儀式和重複。有句格言說：「不了解過去的人就被迫重複過去。」也許可以說，成癮正是這句格言的個人和情感方面的表達。任何人，只要被邪癮所左右，就不再是自己生命的主人，恰恰犧牲了自主權的增加所帶來的特質。這些特質乃是非傳統化所帶來的主要好處之一。對我們大家來說，今天的問題是建立比較穩定的生活習慣和生活方式，使之免於太深地陷入強迫性之中。因為沒有人能夠把反思性發揮得太充分——日常生活是圍繞著習慣或習俗，因而還有重複的連貫性而建立的。當今大多數人的生活中都有一些強迫因素，不論是在工作領域中，還是在別的地方。

皮：可是，人們能夠在多大程度上用這一點來涵括整個社會或文化呢？

紀：我認為我們現在的確生活在一個被強迫作用所破壞的社會中。個人自主權和日常生活中的自尊，應看作與公共領域中的法律和其他自由同等重要的一項政治任務。在一定程度上，這是這些自由的條件。

皮：在我看來，與我們所談論過的另外一些話題一樣，我很想知道，你當作社會和個人關係中新成分的東西是否一直都存在？你說親密關係是歷史上最近才有的一項發明。可以肯定，如果親密關係意味著密切的溝通和信任，那只要個人之間在婚姻等領域中形成緊密的關係，它就一直存在。

紀：不過，當前的情況與過去不同，甚至與較近的過去也不一

樣，這種不同以幾個明確方式表現出來，儘管現在也存在著連續性。

其一，1960-1970年的情況相比，個人關係必須更加積極得多地建立和維持，就更甭提與從前的歷史時期相比了。這又是與傳統在性質上的改變和社會反思性的崛起有關。例如，考慮一下友誼。以往的友誼關係往往實際上是同志關係的表現形式：人們之所以在彼此之間形成親密情感和諒解，是因為他們具有共同的生活經歷。許多男人的友誼就與此相像。這種友誼產生於一同上學、一道從軍等等。透露自己的內心世界並不是這種友誼的基礎。

其二，在婚姻和家庭領域中，我們現在生活的社會中，破天荒第一次，不僅男女之間，而且男人、女人和兒童之間，在法律面前是平等的，這種平等的程度遠遠超過從前。平等的人們之間的關係，正如我在論述網絡溝通時所提到，必須通過協商來建立。它所依賴的是積極的信任。

其三，許多當代關係基本上是通過對話建立的；它們沒有任何其他支柱。以婚姻為例，世世代代的婚姻都主要曾經是一件經濟事務，人們對待它，就像對待一種自然狀態一樣。一個人不是已婚，就是未婚。一個人與自己的配偶相處的如何，對婚姻的幸福美滿與否，當然很重要，但這並不是婚姻本身的基礎。而現在，情況基本上正是如此。（許多較為保守的文化評論家對此感到不安。）

第四就是浪漫主義愛情價值觀的崛起，及其今天的普遍被採納。性愛始終都存在，但「羅曼蒂克」思想及其與婚姻

的關係，卻是大約一個世紀以前才開始有發展。浪漫主義
愛情全都是有關感情溝通和戀愛對象的特殊性的。浪漫主
義愛情所攜帶的是親密觀念，因為使一個人墜入愛河的是
對方持特殊素質。這裡的愛情並不帶有義務或責任的涵
義，儘管這些東西當然可以在它周圍形成。此外，浪漫還
涉及一段個人色彩濃厚的事情，即戀愛中的個人為自己和
戀愛對象所編織的一段故事。浪漫主義愛情實際上與親密
關係中有雙重的關聯。就它的相對即立性，即一見鍾情而
言，浪漫主義愛情顯然是一種投射，而且正如佛洛伊德所
說，其特點是幼年時期形成的特質。浪漫主義愛情的理想
有悖於一種親密關係，這種關係建立在對戀愛對象的良好
和並不那麼良好的品質的充分了解基礎上。

皮：一些人對一種觀念提出質疑，這種觀念認為，浪漫主義愛
情是西方所專有的理想。他們聲稱自己不僅在歐洲歷史的
從前時期中，而且在其他文化中，找到了類似的觀念和價
值觀。浪漫主義愛情的性質如何？它是像你所斷言的那
樣，與現代時期有特殊聯繫嗎？

紀：據我所知，沒有一種對愛情的比較人類學，因此，沒有人
處於一種了解全面情況的有利地位，以便回答這個問題。
我們所知道的是，有許多文化和歷史時期得到了仔細的研
究，其中的人們並不知道什麼是浪漫主義愛情理想。按我
說的浪漫主義愛情與性愛和中世紀人們習慣於談論的「鍾
情」（amor passion）並不是一回事。與專注和鍾愛另一個人
相聯繫的性愛，從這種意義上講的愛情是所有社會的一個

共同特徵。當然,這種情感幾乎從未被當作婚姻的首要基礎;在所有文化中,直到最近爲止,婚姻都是一件經濟上的事情,涉及繼承權和建立親屬之間的聯盟。鍾情幾乎始終被視爲不穩定的,而且實際上就是不穩定,因爲性方面的吸引力很容易消失或轉移,感情上的認同也可能迅速地變遷。

浪漫主義愛情所喚起的是類似的感情,但卻對其加以改造,使其成爲一種截然不同的東西。鍾情在故事中通常被描述爲離經叛道和具有破壞性的力量。因此,有關它的大多數故事在傳統文化中都是以悲劇而告終,因爲戀愛者的命運都是注定倒霉。同一中心思想還在對浪漫主義愛情的早期描寫中出現。因此,它的主要詮釋者之一德魯蒙(Denis de Rougement)把浪漫主義愛情同對死亡的關注聯繫起來。我並不認爲他是對的。他所集中精力研究的宮廷愛情實際上並不是浪漫主義愛情觀念的真正起源,儘管它的一些成份在那裡出現。浪漫主義愛情觀念實際上是在18世紀末才發展起來的,它反映了對敘述形式的普遍關注,這種敘事形式還表現爲小說的興起。浪漫主義愛情講述一個故事,它對敘事是依賴的,但這是一種前瞻性的敘述。在個人生活上,它與現代性具有的典型特徵——對開拓未來的注重相混合。

浪漫主義愛情從根本上講是創造一部傳記,不僅是一個人的傳記,而且是兩個人的。它是一種道德和感情上的情結,這種情結幫助創造了二人世界,這種二人世界在我們的時

代中實際上取代了婚姻，或者說成了婚姻所變成的東西。
傳統婚姻的大多數形式都不是建立在二人世界，而是建立
在夫妻與其他親屬，特別是與孩子的聯繫基礎之上。與此
並行不悖的顯然曾經是按性別劃分的明確的勞動分工。而
現在對我們來說，二人世界甚至同子女相比，也占有優先
地位，它當然是一個兩性之間的感情溝通體系，而不是一
個經濟單位。我們以為二人世界是理所當然的，但它是一
種異常現象。加入二人世界就是加入這樣一種個人關係：
它所創造的自身歷史帶有濃厚的個人色彩，其與外界社會
的聯繫可能很少。二人世界是排外的：它是已婚和未婚者
之間的劃分的當代形式，但卻具有完全不同的特色。它與
這樣一個社會是並行不悖的：其中的許多人，起碼在相當
長的時期，是獨自生活的，但他們隨時都有可能重新結合。
浪漫主義愛情的影響受到許多人的批評，特別是從女權主
義觀點來看。許多女權主義者認為，這種愛情觀念對婦女
來說是一個陷阱，向她們的頭腦中灌輸白日夢，通過造成
女人對男人在感情和經濟上的依賴，使婦女放棄較為圓滿
的自主生活。我認為這並不精確，正如我在《親密關係的
蛻變》一書中所試圖表明的。浪漫主義愛情的理想，其先
驅是婦女，而不是男人。在我看來，它是要求在個人關係
中實現感情溝通和平等努力的部分內容。在浪漫主義愛情
故事中，感情上的征服比對性的征服占上風：愛情的基礎
不是性慾，而是對對方特質的羨慕和尊重。浪漫主義愛情
是一個夢想和投射，因而表現為各式各樣的殘酷和剝削，

正如流行小說和浪漫文學所顯示。誘奸和拋棄對方，其特質在一定程度上為男女兩性所相信，而不只是男人，這種特性同親密和忠誠的理想相矛盾。然而，這些矛盾是現實生活的部分內容，實際上是我們目前的處境。

皮：但是，「墜入情網」難道不能被看作與賦予普通人權力的做法恰恰相反嗎？個人受到一種自己所無法控制的力量的迫使。我們有關愛情的想法目前看來往往強調依賴，而不是自主：「沒有你我不能活」，「你是我的整個世界」，「沒有你就沒有我」等等，流行歌曲充滿了這種情感。

紀：是的，用目前的治療方面的術語說，自主與相互依賴在當代愛情關係中互相競爭。人們對男性和女性的成見也是如此——例如，男性英雄冷漠而殘忍（起碼最初是這樣），而女性（也是最初）則是溫順的，也許還遭到殘酷的對待。但是，浪漫主義愛情故事的基本邏輯則是人性和逐漸的平等。正如研究結果所表示，在流行文化中，大多數故事的結尾都是圓滿的，在其境況中，實現了相互尊重和諒解，而這些則成為重新建立和深化的愛情的基礎。這當然是一種理想化。儘管如此，這些故事所折射出的是邁向感情上的更大民主的混亂而真實的發展趨勢。

皮：再把反對意見向前推進一點：能否把浪漫主義愛情看作是建立一種良好和持久關係的妨礙。墜入愛情並不是特別帶有理性的。而且，它能否成為長期關係的基礎，起碼對大多數人來說這一點並不明確。它可以被視為使人們走到一起的發出火花的時刻，但是，在大多數婚姻和個人關係中，

不管這種關係是異性戀還是非異性戀，這種最初的吸引力
都逐漸被日常的互相熟悉所覆蓋。持久的關係可能會發生
變化。這種關係的基礎不再是浪漫主義思想，而是發揮實
際作用的妥協。要想與對方朝夕相處，就必須達成這種妥
協。

紀：這當然有一定的真實性。我要說，無論如何都涉及錯綜複
雜的、在一定程度上相互矛盾的情感和理想，卻在功能上
與人為關係的新領域之間天衣無縫地結合。浪漫主義愛
情，如果我可以這樣闡述的話，所攜帶的是感情上平等的
希望，但它也受到其相反的實際情況，即感情上不平等的
驅使。它所反映的是在一種社會中婦女的抱負，這種社會
正在變得十分個人化，但它仍受到父系制度的支配。
　我並不確切知道人們會怎樣對此加以衡量，但我猜想，浪
漫主義愛情今天處於一種衰弱狀態。婦女們的實際平等地
位大大提高，在經濟上和情感上都是如此，因而她們不再
那麼強烈地傾向支持一種建立在與此不同前提基礎上的說
法。浪漫主義愛情所攜帶的是終生穩定狀態的承諾思想，
但是，在一個離婚和再婚率很高的社會中，人人都對此採
取懷疑態度。這就是我們現在的處境。我預計，不同的愛
情理想將會誕生，在自助性和治療性文獻中，肯定能夠看
到它們。我認為，這種文獻腳踏實地體現了我們對自己日
常生活的反思性參與。其中的一個理想就是我所說的「融
合性愛情」（confluent love）。這種愛情從情感和性生活方面
講，都建立在個人關係的學習過程基礎之上，這現在仍舊

是一系列的理想，它與現實的關係是鬆散的，浪漫主義愛
情情結就是如此。

皮：性本身的情況如何？在這方面正發生著的主要變化是什
麼？

紀：父系家庭權威的一個邦本面一直都是情感和性方面的。直
到最近為止，主宰性生活的一直是我在前面提到的貞潔和
失貞女性之間的劃分。這是男性權威的一個至關重要的基
礎。這在所有傳統家庭類型中，也占有核心地位，因為繼
承權的延續和財產的傳遞十分重要。在歷史上可以找到性
解放女性的許多實例，但這些例子幾乎總是要麼出現在社
會最高層，或者出現在底層，這些婦女由於截然相反的原
因，能夠擺脫處於支配地位的社會常規。女性的性生活基
本上是被禁錮的，不儘是被貞操和行為檢點的觀念，而且
被生育子女的不斷操勞和問題所掣肘。婦女的性生活和死
亡之間的聯繫方式完全不像德魯蒙所說的那樣——按照目
前的標準，所有傳統文化中婦女在分娩中死亡率都是高
的。重要的並不在於性生活與生殖的聯繫，而是在於生殖
強制性地決定了某些性生活方式。現在，對兩性來說，性
生活都幾乎完全脫離了生殖——這一變化是非常重要的。
這一情況的起源與避孕方法的改進並沒有直接的聯繫，儘
管這種改進在一定程度上是這種轉變的條件。它而是來源
於與婚姻經濟基礎的解體和統計上的變化相關的一系列變
遷。今天，性生活已經變得「具有可塑性」，或者說變得
非傳統化了。可塑造的性生活是必須創造並且附加在其對

象上面的：它所擺脫的是婦女的分裂性形象和異性關係的痕跡。

皮：近年來一種觀念試圖捲土重來，這就是試圖從生物學或遺傳學角度來解釋包括性生活在內的人類行為。一些人爭論說，性生活主要是通過遺傳的程序設計來建立其結構的，對此你想如何回答？例如，一個論點是，對於男性的性濫交趨勢和女性的較為小心，有一種進化論的解釋。我們進化過去歷史的痕跡在多大程度上影響著今天的涉及性行為的變化？

紀：在這裡，我想對幾個問題加以區分。首先，從我開始學術生涯以來，時代精神肯定發生了變化。那時，文化的，而不是生物學上的人類活動理論占據主導地位，文化上的相對主義很常見，儘管這總是有爭議的。現在，所有這一切都反過來了，這不僅是因為知識的改變，而且同整個社會情緒的變化有關。由於馬克思主義和社會主義的崩潰，所以歷史看來不再那麼具有可塑性。自由市場哲學的崛起，在一定程度上反映在一些達爾文主義理論今天重新享有的顯赫地位上。人們的好惡在一定時刻將會再次改變，知識的潮流也將隨之變化。我相信，到一定時候，將出現對把一切都歸因於生物學的當前做法的反應。

其次，我們應當把達爾文主義或進化論心理學同當前的遺傳學方面的進展區別開。不論圍繞著遺傳學所可能形成的是什麼樣的異想天開，這門學科都是一個處於全面發展之中的科學領域。它顯然正在至高無上一種革命性的影響，

特別是在與生物技術相關的方面。人類基因組合工程肯定不會像其一些倡導者所宣稱的那樣，提供我們人體的詳細藍圖——基因的遺傳總是與生活經驗和環境相互作用。但是，遺傳學方面的進展是可展示的和具體的。我認為，進化心理學（evolutionary psychology）的情況可以說與此並不相同。因為它的推測性較強。它所依賴的是根據一段假設的進化論過去歷史所作出的結論，然後將這些結論用來解釋當代人們的行為。如果說男人比女人傾向於性亂交行為，那是因為把自己的注意力分散得盡可能地廣泛，這從進化論角度來看對男人是有利的。而對女人來說，情況則是相反的。但是，像我在前面提到的功能性「解釋」一樣，這也不是什麼樣的「解釋」。唯一恰當的解釋實際上要揭示男人性亂交行為的遺傳學基礎，目前還沒有任何人能夠顯示這一點。

人們的確有著進化的背景，每個人還都有遺傳基因。以為這些事實與人們的行為和身體構造無關，這還不一定。但是目前，除了進行一些有趣的推測外，沒有多少事情可做。無論如何，我看不到對有關社會和政治改革的當前辯論來說，它們有什麼重要意義。假設我們能夠顯示男女之間在性行為方面有一種造成差別的遺傳依據，即便如此，就影響我們周圍的性生活的種種變化的後果和涵義來說，也得不出什麼結論。身為文明生物，我們能夠克服生物學上的內驅力和要求，即使這種內驅力和要求十分強烈——人類據說有一種強烈的內驅力，就是保護自己，但同時卻也能

夠自殺。在相反方向上也是如此。假如我們發現，女性同
男性一樣濫交。目前在美英兩個進行的性生活調查中，聲
稱自己有外遇的已婚婦女所占的比例正在迅速追趕男人。
這意味著進化論觀點被證明是錯誤的嗎？並非如此。同樣
道理，人們行為的生物學上的基礎也不能被否定。

皮：到目前為止，你幾乎一味地談論異性戀。同性戀和雙性戀
的情況與你所說的如何相符？

紀：同性戀與上述變遷的關係是複雜的。但是，同性戀在文化
上的出櫃（coming out）與具有可塑性的性生活的創造有很
深的關係。西方的教會對同性戀的態度是複雜和不斷改變
的。這正如歷史學家波斯威爾（John Boswell）所說。有關過
去歷史的史料顯然並不完整，波斯威爾的研究結果本身也
遭到批評。明確的一點是，同禁止同性戀的文化相比，容
忍它，往往比積極提倡它的文化要多一些。我們在這裡所
談論的是男性的同性戀，它是在某些年齡或情況下的個人
之間發生的。例如，男性同性戀的活動經常發生在婚前的
青少年之間，或者發生在男孩與年齡較長的「叔父」們之
間。這些「叔父」被期望向男孩傳授性生活的本領。但從
歷史和跨文化角度來看，對年輕男子之間愛的評價，視之
為最高理想，就像在古希臘那樣，這看來是罕見的。儘管
如此，「同性戀」這一類別，正如傅柯所說，看來是最近
一個世紀的產物。很少有哪個文化中有「同性戀」一詞，
除非是在儀式化的同性戀和雙性戀的情況中。而在這種情
況中，用來描述這種個人的詞彙通常是沒有明確的世俗意

義的。

我對同性戀的演變的興趣主要聯繫到現代性後期中影響性行為的範圍較廣的趨勢。自然和傳統的終結是這樣一種過程，它使同性戀文化得以在當今社會中蓬勃發展。我的意思不是要貶低爭取同性戀權利和反對害怕同性戀態度的鬥爭的重要性。但是，同性戀只是作為一種「扭曲」才可能消失。即作為性生活的擺脫自然和傳統桎梏，包括男子性生活傳統形式。作為一種走上邪路的行為，像在其他問題上也經常發生的一樣，自然和傳統被在思想意識上結合起來：像種種其他性活動一樣，同性戀具有具體的「非自然性」。一個有趣的反思性特點是，這些變化發生，對同性戀的遺傳學上的解釋就可能會被一種胸有成竹的同性戀文化所取代，作為其合法性的部分明證。

我把同性戀者看作先驅，特別是在個人關係領域。同性戀文化，特別是男性同性戀文化，往往涉及我們所談到過的男性亂交的一種極端形式。但是，男女兩性的同性戀者的大多數，像異性戀者一樣，在任何一個時刻都是成雙人對的關係。直到最近，甚至現在也只有一兩個國家例外，同性婚姻一直都是不可能的。因此，同性戀者被迫開創比較公開的和通過協商建立的個人關係。這種關係隨後滲透到異性戀者當中。同性戀者是現代社會中的情感先驅，不論就性生活，還是就親密關係而言都是如此，起碼在我所確定的意義上。當然，同性戀者往往模仿，有時是故意嘲弄異性戀社會的各種態度。在同性戀關係上，與異性婚姻相

似的權力與服從關係建立起來。在同性戀關係中，看來存在與異性戀世界中一樣多的暴力行爲。但是，作爲一種非制度化的形式，擺脫了傳統的同性戀關係並不包含制度化的權力模式。不言而喻的平等、積極的信任態度和相互溝通，幾乎必然地成爲持久的同性戀關係的部分基本內容。這些事物還涉及非傳統的個人關係中內生的種種問題、焦慮和不安全感。

皮：肉體的主題如何？你在有關自我特徵問題的著作中很多地方提到這一點。總的來說，這看來是在你的近期著作中經常出現的一個主題。聯繫到把肉體當作一個主要焦點的其他著作家，你如何給自己的著作定位？前者譬如傅柯對肉體及其樂趣的描述、高夫曼(Goffman)在其有關全面制度問題的著作中對肉體的探討等等。

紀：恕我在此轉移話題，談談一個較具哲理性的問題。早在1970年代中期思考這一問題過程中，影響我的首先是梅洛‧龐帝(Merleau Ponty)和維根斯坦。梅洛‧龐帝被認爲同現象論有關聯，但他十分有效地疏遠了自己的前輩們認識論色彩濃厚的重點。他的重要主題是時間與空間。他在對人的行爲的討論中，所強調的是能動者的不由自主的處境。能動者並不是一個抽象的「主體」，而是以肉體爲載體；肉體絕不僅是具有意識機制的一台生理機器。

在梅洛‧龐帝看來，沒有對能動者和他(她)與之互動的其他人都經常作出的身體反應的不斷監視，則意識的流動就是不可能的。傅柯實際上看來受到梅洛‧龐帝的影響，儘

管他忽視了梅洛‧龐帝的一些主要思想。

維根斯坦因著重強調環境對語言和意識的影響。我是以如下方式來解釋早期維根斯坦和晚期維根斯坦之間關係的。維根斯坦的著名論斷是，用語言來論述語言是有限度的。晚期的維根斯坦說，「無法用語言說出的事情」正是必須做的事情：語言的固定性和不斷的創新所依賴的不僅是語言對日常行動的參與，而且還有能夠勝任的行動者。詞語的涵義包括它們在具有具體處境的活動範圍內如何得到使用。雖然維根斯坦看來與這種傳統沒有直接的聯繫，但是在我看來，他與其說是一位相對主義者，不如說是一位現象學學者。有一種現實，它的普遍機會就是我們相互了解的條件。我們接觸現實的機會是通過自己平時的經歷實現的。這種現實與我們平時的經歷互為假設條件。因此，要想知道「桌子」一詞的含義和桌子與「椅子」的差別，我必須熟悉人們都把椅子和桌子派上什麼用場，這包括對人們的感官特徵的假定意識。維根斯坦沒有把意識和行動當作相互分開的事物來談論，而是通過肉體將它們聯繫起來，把肉體當作能動的所在場所來理解。同邏輯實證主義的表現形式相比，肉體和自我在這裡融合得要好得多。維根斯坦所竭力擺脫的正是這些哲學表現形式。

高夫曼不是一位哲學家。他的思想的深刻根源是米德（G. H. Mead）和象徵性互動主義（symbolic interactionism），儘管高夫曼在其學術生涯的晚期的確閱讀了維根斯坦的著作。但在我看來，在維根斯坦和高夫曼之間有一些十分相似的束

西，儘管他們的研究風格迥然不同——維根斯坦的治學態度十分嚴謹，而高夫曼則很任性和頑皮，這是他的特點。把「肉體」這一主題引進到當代社會科學之中的非傅柯莫屬。有一點似乎很矛盾，但卻是有道理的，這就是傅柯之所以能夠把肉體單獨挑選出來，當作明確的關注焦點，主要是因為他把肉體看作，更確切地說是主動選擇地看作被動的，而不是主動的。我認為，這並不像許多人所說的那樣，顯示出傅柯在哲學上的幼稚。最不屬於傅柯特點的就是哲學上的幼稚。傅柯對「馴服的肉體」（docile body）的關注乃是一項具有戰略意義的知識決策。他所想要分析的是在道德奴役和組織權威雙重影響下淪落到消極狀況下的肉體。人們常說，從《性史》（The History of Sexuality）開始，傅柯的著作與他的較早時期對肉體和權威的觀點決裂了。但我卻願意將此解釋為試圖在觀念上轉換。傅柯從來都不為自己顯得缺乏連貫性而發愁。通過採取這一戰略，傅柯當然能夠形成一些反本能的思想。他著意表明，擴大個人自由的啟蒙運動思想造成了「另外一面」，即紀律力量的嚴重束縛。另一方面，他還能夠說明，表面上具有道德嚴格性的維多利亞女王時代的性生活體制，是對性生活的種種關注興起的基礎。我從來都不是傅柯的直接追隨者。我重新提起傅柯的一些主題，譬如肉體的醫學化，但我對它們的處理方法是不同的。我引用了其他著作家的論述，以便把對肉體的討論置於一個指導行動範圍廣泛的理論環境和意識流動之中，並使之同反思性相聯繫。

皮：在這一領域之中，我只有最後一個問題，它是從所有這一切當中引出的。在我們迄今所討論的著作中，認為有些你遺憾，因倫理和關於存在的問題已經被「排擠」（squeezed）到當代政治討論之外。你認為它們正在捲土重來嗎？對它們，在社會的制度上將如何適應？

紀：它們是我所說的生活政治的部分內容。生活政治是所有這些變革的結果。種種不同的生活領域都有倫理問題辯論的回歸點。這些領域從人體政治問題和遺傳學，到範圍廣泛的生態學主題都有。這些問題已經相當明顯：對家庭價值觀問題的辯論是一個實例；而在墮胎問題上的辯論則是另外一個實例。

皮：道德或倫理性的一些問題之所以被提出，是因為像遺傳工程學一樣，科技正在使從前不可能的事情成為可能……

紀：是的，但這些問題的提出，是由於我在面前所論及的兩個過程：自然界的撤退和傳統的撤退。傳統不僅為實際行動，而且為道德行動提供了一個框架；而自然界，打個比喻來說，使事物失去作用。生活政治所涉及的是，在傳統和自然界終結之後，我們將如何生活。今後，越來越多的政治決策將屬於生活政治範疇。

皮：噢，這些種類的問題當然更為顯著了。但是，早些時候也有一些倫理問題。一代人以前，我們很關注不平等這一倫理問題。現在，這看來在議事日程中變得次要了，如果不是消失了的話。分配不均的問題在一定程度上肯定是一個倫理政治問題。但是，看來它在當代失去了共鳴。

紀：不平等問題當然沒有從政治議程中消失，其他使人擺脫桎
梏的政治問題也是一樣。然而，就不平等而言，即經濟上
的不平等而言，自由主義被證明比社會主義更具耐久性，
起碼同社會主義比較激進的形式相比是如此。從議程上消
失的是任何類別的強制性平均主義。其代價被證明太大；
其可能造成的乏味，一律性具有太大的壓抑性。作為對策
的一部分，政治理論轉向了機會平等，而不是結果平等。
抑或應當說，是對這種平等的回歸。我認為這種做法是不
夠的。即使某種近乎選賢與能的社會事實能夠實現，它也
會有嚴重的問題和局限性。例如，一個人若處於社會的底
層，而且知道自己活該如此，這會是一種什麼情形？如果
在一個選賢與能的社會中，大多數人每況愈下，那麼這個
社會將如何應付？問題諸如此類，不一而足。平均主義可
能已經消亡，但結果的平等則必須留在議程之中。不過，
在討論不平等的過程中，應當記住，經濟上的不平等並不
是唯一類型的不平等；但在一些方面，特別是在男女關係
方面，不平等正在減輕，而不是加重。

訪談錄之六
超越左派和右派的政治

克里斯多福・皮爾森：我想談一些與政治較有直接相關的問題。政治主題在你的著作中往往是暗含著的，但有時則比較明確，比如在《民族國家與暴力》（*The Nation State and Violence*）中就是如此。而在最近三四年裡，你看來對政治、實際上還對有關政黨的政治問題更感興趣了。你對政治問題的注意力為什麼發生了這一轉變？

安東尼・紀登斯：我比以前更多地加入了日常的政治生活中。我用來考慮工黨和英國政治的時間比以前多了。與此同時，像大家一樣，我一直都在思索，當今世界，社會主義看來已經不再是未來的道路，在這樣一個世界上，政治生活的前景可能會如何。

皮：《超越左派右派》一書於1994年出版（編按，中文版於台北：聯經公司出版，2000年），人們普遍認為這是一幅「藍圖」，標明了較為激進的政治現在可能意味著什麼。但是，我想開門見山地問一問，你為什麼認為我們已經超越了左派和

右派範疇。

紀：左派和右派之間的分歧並沒有消失——這種分歧仍然意義
重大，不論是在政黨政治中，還是在範圍廣泛的政治思想
中，都是如此。左派人士所信仰的是公平，認爲這一目標
可以通過政府行動來推進，不論所涉及的政府屬於哪一
級。左派相信，一個實行市場經濟的社會有其局限性：他
們決心要在生活的各個領域中，不僅在公共領域，而且在
我談論過的當代民主化的其他領域中推行民主。右派人士
則對不公平感到比較愜意，對政府能否或者應否試圖對此
加以限制，他們持懷疑態度。他們可能把不平等看作是自
然所賜予，抑或是只有體現在傳統之中，方才得體。

極左派已經所剩無幾，但極右派卻依然存在。極右派現在
擁有一套關於全球化的理論和對策——基本上就是針對全
球市場的保護主義，加上有關家庭、權威和國家傳統形式
的保護主義。雖然這種觀點有其奇異的邊緣形式，譬如美
國的一些民兵組織，但是它是有某種連貫性的。它不像新
自由主義保守派那樣，持一種從表面上看很矛盾的立場，
一方面支持開放的全球市場，另一方面則堅持傳統的文化
價值觀。極右派的存在令人不安，而且危險，因爲孤立主
義和保守主義即使不與仇外情緒相結合，其所導致的分裂
也是以往產生無休止的戰爭和裂痕的禍根。由於社會主義
的衰落和正統保守主義的矛盾性質，所以在我們所面臨的
一些最基本的政治問題上，左右兩派不再能夠提供選項。
例如，生態問題就跨越了左右兩派之間的鴻溝。

皮：我要向你提出對「舊式政治」這一看法的反對意見。雖然在別處，你談論社會主義和資產主義，但是在這裡（在界定左派和右派方面）你卻對此緘默。你竭力從經濟管理體制的角度來界定社會主義。你稱之為在簡單現代社會中很適宜的一種經濟組織形式，但卻說它與我們現在的生活方式不相稱。你表示，從這種意義上講的青商會主義，如果不是與其相關的所有思想，已經壽終正寢。

紀：作為一種經濟管理體制，是這樣的。

皮：但是，從另外兩種意義上講，人們或許認為社會主義思想仍是重要的：一種意義是說，社會主義所關心是所有權和財產的不平等格局；另外一種是說，社會主義實際上，在其最簡單狀態下，是資產主義的「解毒藥」或者「反面」。持批評意見的人們也許會說，你把社會主義僅僅當作一個經濟計畫問題，從而回避了它的這兩個重要方面。

紀：這是一樣的，不是嗎？財產當然總是意味著資本。

皮：我們可以說社會主義所關注的是經濟結果的不公平，因為這種結果也許並不完全是由於私有財產方面的差別，這樣曲解上述第一種立場或許還可以。但是，從另外一種更為普遍的意義上講，社會社會是資本主義的「解毒藥」。從一定意義上講，可以說，你之所以不想談論社會主義，是因為你不想談論資本主義。

紀：社會主義已經不再是資本主義的一種替代物。當前我看不到有什麼辦法可以回避這一點。這遠遠不是說全球市場經濟並不引起種種問題。它的確引起各種問題。但是，已經

不再有一個能夠自圓其說的替代性社會等在那裡。除非你想推薦市場社會主義，以此作爲解決辦法。

皮：不。在《共產主義之後的社會主義》（*Socialism After Communism*）一書中，我考察了市場社會主義，我的結論是，它實際上並不是一個能夠自圓其說的模式。但是，這並不是因爲它沒有從倫理上講具有吸引力的特色。我們需要一幅稱爲社會主義（或任何別的東西）的替代性社會形式的、得到充分發展的藍圖嗎？只有這樣，才能發動對資本主義制度的批評嗎？

紀；不是的，但批評要想有效，就必須引導出一個做事的較好方法。有許多線索，英格哈特（Ingelhart）有關唯物主義之後的價值觀念的論點就是其中之一。只有在超越經濟發展一定水平的情況下，這種觀念才發揮作用。它涉及我所說的生活政治問題。其次是有關全球金融市場的辯論——索羅斯等人要求加強管制[1]。我們正在經歷的一個十分重要的轉變涉及大規模戰爭的可能消失。一種想法，即民族國家的角色和性質正在改變，顯然具有重要涵義。所有這些事物都既造成問題，又提供可能性。在我看來，目標是創建一個國際化的全球社會，使之建立在從生態學上講可以接受的原則基礎上，在這個社會中，財富的產生和對不公平的控制兩者之間實現了和解。我並不把這一點看作烏托邦式的幻想。我對它能否被稱之爲社會主義沒有把握，儘管其

---

1 喬治·索羅斯：著名金融家，（最近）兼社會評論家。見面後的訪談錄。

中仍然存在著社會主義思想的倫理傾向。

皮：但是，你肯定不想說，即使世界秩序中有帶有資本主義特
色的不平等，我們也不應當加以任何評論，這僅僅因為你
認為沒有任何現成的解決辦法？我認為，你是說，批評如
果提不出某種替代性議程，則它就是容易得多，但用處卻
小得多；但是，倘若替代它的做法僅僅是以有利於變革的
方式來描述世界，則這就不一定是一項十分有吸引力的替
代選擇。我猜想，如果有人對你的所做所為持批評態度，
他會說，瞧瞧，你談論現代社會，因此回到了一種從前的
社會學研究手段，即不願承認資本主義的經濟組織形式的
邏輯性。

紀：我全然不這樣看。資本主義仍然是塑造世界的了不起的力
量之一，儘管這個世界日益全球化，並建立在一個資訊經
濟體基礎之上。

皮：噢，我不想提出對此予以取代的某種具有單一因果關係的
做法。但我猜想，如果有人考慮一下你對現代性後期的這
些變化都說了些什麼，以及你對親密情感的轉變是怎樣評
說的，那麼他完全可能會說，你的評論對最近20年來變化
的最重要方面，對全球經濟不平等的加劇，是嚴重地輕描
淡寫了。因此，問題不僅是經濟的全球化，而且是在與二
戰結束後25年裡的情況所不同的一種特殊的資本主義邏輯
影響下的經濟全球化。因此，如果你真的關心民主化進程、
不平等的延伸等等，那麼你實際上就應把更多精力集中在
這些經濟過程上。

紀：對這一點我沒有任何異議。我們現在必須仔細考察資本主義及其擁有的替代選擇或優勢。但是，我看不到有什麼社會主義的替代方案。

皮：你已經談過現代社會的四個領域，談過與其中每一領域相關的不同的「不利之處」，還談過替代它們的選擇辦法。在談論資本主義和經濟領域中種種問題過程中，你引進了「不虞匱乏的社會」(post-scarcity society)這一概念，並重提了生態學主題。我很想知道，(1)不虞匱乏的經濟體應當是什麼模樣，(2)我們實現它的方法和原因是什麼。

紀：一個不虞匱乏的經濟體是這樣的：在其中，富裕所造成的問題無法用更富裕來解決。它並不是一個不再有缺乏物品的社會。它並不是指整個社會，而是指社會內部的某些方面或領域。

皮：除了財富之外，全球資本主義的問題難道說不是分配問題，不是一些人貧困的問題嗎？

紀：是的。但我們所面對的大多數問題並不能歸咎於經濟不平等或階級差別。

皮：噢，我只不過是好奇，因為你談到一個不虞匱乏的社會處於資本主義的「另一面」……

紀：不虞匱乏的社會與反思性現代化有緊密的聯繫——它是這種現代化所適宜的社會。再說一遍，我們的一些東西太多了，起碼在社會的一些部分或世界的一些地區是這樣。這現在甚至可能包括資訊：資訊可能正在變得過多，而不是太少，從而造成「資訊煙霧」(Information smog)問題。

皮：我在其中所沒有見到的是變化的可能能動性。一些人在維持經濟形式的現狀方面有著很大的既得利益，不論這所產生的煙霧——資訊性的與否——有多麼大。在推動我們走向一個不虞匱乏的社會方面，能動是誰？

紀：在我們現在生活的世界上，變遷是時時存在的。安全和持續性同產生進一步的變遷一樣重要。除此之外，能動性長期以來是相同的：國家、國家集團、工商企業、國際組織，外加普通人在其日常生活中的活動。當然有種種新策略，譬如自下而上的開發、小型信貸等等，它們肯定很重要，而且符合全球體系所產生的種種實際的可能性。工商企業自身正在發生變化。甚至在最大的，也許尤其是在最大的企業中，權力下放和網絡結構已經成為正常模式。實現高成長的經濟部門是中小公司，而不是大公司。大公司並沒有像許多人所擔心的那樣失控。由於不再有馬克思主義的歷史魔術，所以我們不得不看看政策風向現在何處。結果有可能將是一團糟，但生活在一個風險社會中就是這個樣子。在這個社會裡，歷史並沒有提供任何保障。

皮：但是，持目的論的觀點認為「歷史提供了保障」和擁有一項政治議程，認為特定的政治行動者能夠充當有效的趨動性，在這兩者之間，肯定是有差別的吧？你見高估了左派的傳統政治觀點和歷史作用思想，這種思想植根於工人階級之中，不論從馬克思主義的，還是從改良的社會民主主義（reformist social democratic sense）意義上講，都是如此。你很可能是正確的。但是，如果這全都是真的話，那我們

為什麼應當認為，我們有很大可能將從現有的全球市場經濟轉移到一個不虞匱乏的經濟之中去呢？你說過，掌權的是根本不想過渡到一個不虞匱乏社會中去的人們。

紀：原因有很多。世界是有限的，我們遲早會遭遇經濟增長的極限。這種極限是一個匱乏無慮的社會的重要特徵之一。我們並沒有一項方案闡明如何才能糾正世界上的不公平。以全球貧困為例。對貧困的意識並沒有減弱──決心與它作鬥爭的包括民族國家、非政府組織，甚至還有工商企業。其中有一些只是表態而已，但在大多數情況下，這種衝動是真誠的。我們不能肯定，目前對自下而上的開發、社區重整等等的重視將會起作用，但它們肯定值得嘗試。亞洲的資本主義現在可能是陷入了嚴重的困境，但它為在相關國家消除貧困的根源作出了貢獻。亞洲四小龍在追求增長方面的爭先後，實際上使它們直接面對所謂匱乏無慮社會的種種問題，不僅在生態方面，而且在其他領域，都是如此。

另一方面，爆發全球災難的危險也是真實的。世界金融市場可能會崩潰。我們已經給地球的生態系統造成的破壞可能是無法挽回的。沒有人曉得。對於所有這一切持樂觀看法，說別人危言聳聽的言論太多了，等等，這是很容易做的。我在前面已經指出對這一困境。雖然我們不會得到「歷史」的拯救，但是我們能夠在行動時意識到風險。反思性現代化是這樣一種省悟，即世界現在絕大部分是人造的，而不僅僅是天賜的。我們必須實事求是。

皮：我對變革並不持目的論的看法；我也不認為社會主義是一

種萬靈藥，可以簡單地採用，一切就會迎刃而解。我試圖解決的是一種憂慮，即在現存的全球秩序中，斷層線和制度性問題在於何處……

紀：我認為現代性一分為四，這就是我論述這些問題在於何處的方式：貧富之間差距的拉大，加上生活的商品化（全球資本主義經濟的問題）；對人權的壓制（民主問題）；生態爭議（科學技術的影響問題）；把戰爭減少到最低限度（軍事力量的問題）。

皮：我想，這裡的問題在於，在這些論述中，你實際上對成為資本主義經濟組織形式的特定的不良影響給予了足夠的重視。一位持批評意見的人或許會說，全球化的資本主義經濟如何在經濟結果方面拉大全球差距，對這一點你沒有予以充分的關注。從某種意義上講，把精力集中在富裕和匱乏無慮的問題上，就是要把人們的注意力從這些問題上吸引開。

紀：情況比這要複雜。發達的資本主義經濟體肯定比任何社會主義經濟體的業績都要出色。雖然自由市場產生不平等，但是一些類型的資本主義能夠使不滿消除。此外，一般還有另外一些因素牽扯進來。例如，非洲的困境顯然反映了其特殊的殖民時期歷史。只有對資本主義持強烈的決定論看法的人才會簡單地說：「全部罪責都在資本主義身上。」

皮：我並不完全相信，俄羅斯經濟搞得不好，就是說對資本主義以後的經濟組織形式而言，現在沒有任何十分吸引人的現存模式。這一事實意味著，不應當以經濟組織為依據，

過多地解釋任何問題。不能說，因為我們沒有一個更具吸引力的替代制度，所以資本主義就不重要了。

紀：但是，你建議採取什麼替代方案呢？除非你仍在說，社會主義仍然具有一定的生命力，或者它能夠在全球層次上恢復。如果你是在說，自由市場資本主義產生不平等，這種不平等正在加重，這可能是真實情況。但是，這並沒有提供任何抵消機制。

我一貫反對一種想法，就是試圖對資本主義這一概念作太多的解釋工作，就像過去一些左翼人士所做，現在又為一些自以為是的右翼人士所做的那樣。

皮：我當然不想為某種原始的斷言辯護，說「社會主義是答案。」對資本主義不加區別地一概而論沒有多大價值，除非像較為深刻的分析家現在所做的那樣，將資本主義劃分成不同的政權類型和制度種類。我力圖闡明的論點是，我原以為，你之所以選擇談論現代性，而不是論述資本主義，部分原因是，在改變現代社會方面有可能的解決辦法，這些辦法正如你所說，並沒有表現為經濟組織形式的改變。你看來是說，這種經濟組織形式基本上就是現有的全部內容：即建立在現有財產關係類型基礎上的全球市場。

紀：現代社會的確具有我所談到的這些制度複雜特徵。例如，不管民族國家現在的遭遇如何，它作為能動者（agent）和行動的結果，都與現代的範圍廣泛的變遷密切相關。我不認為它怎麼會被看作資本主義的典型產物。民族國家幫助塑造了資本主義經濟。例如，考慮一下全球市場的當前時代。

政府通過自由化和私有化，以一種積極和有意識的方式爲此做出了貢獻。全球金融市場的主要成份之一就是政府債券。政府從前通過在民族國家內部徵稅所獲得的資金，現在有一部分從私人全球共享的儲備中得到。這造成一種有悖常理的狀況，因爲這樣一來，這些市場就對政府產生控制性影響。金融市場的很多內容是由在其他資本背景下買賣政府債券構成的。政府債券只不過是從國際資本中獲得貸款的一種方式而已。這一過程是由意識形態、形式和制度的一種混合方式手動

皮：噢，我當然不想在一種粗俗的意義上提出任何論點！我也不願爭論說，國家並沒有參與資本主義發展的這一階段或者任何其他階段。對資本主義要加以任何充分的描述，就不能將其完全限制在私有經濟行動者的範圍內。國家一直都是資本主義的一部分，不管籠統地講，這應當意味著什麼。國家參與了市場的形成與創造，參與了管理勞資關係。所有這一切一直都是由國家來做的。因此，我並不認爲，沒有國家，還有什麼資本主義。

紀：那麼，爲什麼不承認國家和資本主義市場是兩種對全球秩序所產生的部分獨立的影響呢？雖然民族國家制度與資本主義經濟相互影響，但是並不能把兩者縮減到相互等同。爲什麼不接受這一點？這同承認資本主義生機勃勃的作用是一致的。

皮：我不想把一切事物都歸結到一種起推動作用的世界資本主義的單一邏輯之下。可是，雖然我肯定不接受全球化使國

家喪失威力的觀點，但我的確認為，國家的治理能力已經被你稱之為全球化的那種變遷所改變。政府或許想辦事情中，有一些的難度現在大大增加了。

紀：但是，如果你不是在說，資本主義是所有這些變遷的推動力量，那麼一定有另外一些力量，不受這些動力影響的力量，正在發揮作用。市場力量並不是自動地產生作用。政府之所以決定實施自由化和私有化，是為了應付社會主義的失敗和凱恩斯主義的終結。隨著政府實行自由化，它們所創造的市場形式是自己所難以控制的。由此得出的結論並不是這些市場形式在事物的起因方面具有某種優先地位。因此，人們往往回歸到現代性的多方面概念之上。軍事力量的重組和無賴國家的行動，包括海珊（Saddam Hussein）的冒險活動，並不簡單地由資本主義所造成。軍事力量就是軍事力量，它有自己的影響力。

我們通過科學與技術同自然界之間的互動也是如此。現在有一個科學家的世界共同體正忙於進行科學發現和制訂理論。這些進程只有一部分由市場的緊迫需要所推動。在這個適合於產生知識的全球共同體中，這些過程的動力來自於對在科學界的地位與名譽的追求。

皮：我們也許可以把話題轉移到你對福利國家的看法上。你如何看待福利國家及其目前的困境？

紀：福利國家可以被看作一個風險管理體系，而不僅僅是在富人和窮人之間進行再分配的一種方式，或者控制窮人的一條途徑，儘管這畢竟是其最初的起源。它基本上是一個社

會或集體保險體系。有關福利國家的問題並不僅僅是誰付帳、誰受益和誰受損，而且還有我們怎樣在安全和風險之間實現平衡，因為在當今世界上，風險的性質正在改變。

皮：我很想知道在這裡如何畫分時期和確定因果關係。你也許會爭論說，現在人們風險意識的增強，其原因之一涉及人們從前所依靠的一些社會保險機制淪喪的危險。但是，社會保障的這些形式實際上是最近才出現的，肯定比現代性要新得多。正如你所說，福利國家的社會保險時代的歷史還不到50年。可以肯定，要想解釋這一領域事物的變遷，就必須考察一系列其他變化——政治力量和國家能力的改變，而不是風險影響的變遷。

紀：福利國家是最近才有的，儘管它肯定並不局限於戰後時期。但是，福利國家和其他社會保險體系從未像人們所可能想像的那樣富於能力、普遍性或保護性。我們看來並不是正從一個徹底安全世界走向不安全的世界。福利國家一貫是處理緊急情況和保護個人免遭風險的一條途徑，因而與保險原則密切相聯。然而，福利國家所依據的假設是我曾經說過的外部風險。一旦有事，國家就會介入來保護你——公民並不被期望涉入太多錯事。現在，我們已經轉移到一個活躍得多、反思性強得多的風險環境之中，其中的人們與自己的前途、自己的身體、自己的社會和經濟事務的關係已經不同了。我並不認為這意味著放棄福利國家，但這的確表明，應當進行徹底的改革。許多人都回顧起福利制度的一個黃金時代，但同他們想讓我們相信的相比，那段

經歷惡劣的一面要嚴重得多。人們目前對福利國家的懷念
有一部分是建立在虛構基礎之上。任何人只要排隊領過失
業救濟金，或者曾被福利制度下的官僚機構弄得疲憊不
堪，都必定會認識到，福利國家長期以來一直有消極的一
面。對福利的依賴、福利制度結果的不盡人意，這些都是
真實情況。我並不贊成新自由派對福利的猛烈攻擊。我們
需要以積極的態度來改造福利制度，從而使人們積極地承
擔風險，同時也得到保護。這意味著要探索保險機制的新形
式，即與福利救濟的獲得沒有如此緊密關係的形式。我們應
當盡可能地不是給人們物品，而是給予他們能力和責任。

皮：福利國家從來都不單純地是一種保險機制。國家總是同時
　　還試圖實現一些別的目標。

紀：……比如對人民實行社會控制，使他們安份守己……

皮：但是，福利制度也曾試圖保障某種最低限度的生活需要，
　　即人們當時以為私人保險業市場所不會提供的。正如你曾
　　經說過的，我們肯定需要從多種角度描述福利國家的崛
　　起。部分是監視和抵制社會動亂，這是當然的，而另一部
　　分也是針對要求獲得最低限度基數的壓力的。這種壓力反
　　映了社會中形形色色的集團動員起來支持這項事業的能
　　力。你並不贊成一種觀點，就是把福利國家簡單地看作社
　　會控制的能動性，對不對？

紀：是的，這僅僅是其中的一個因素。

皮：我還想知道，你在多大程度上受到誘惑，想要過多地渲染
　　個人責任因素。

紀：問題不僅在於個人責任，而且還在於，我們如何應用保險
原理來處理冒險，以及政府應當在其中扮演什麼角色。我
們應當努力發揮想像力來解決這些問題。從原理上講，政
府為應付社會風險而發行可贖回的債券是可能的。儘管還
沒有哪個政府這樣做。但是，譬如，已經有一些衍生金融
工具包涵發生災難的風險。負債也是一個很有趣的概念。
事情的哪些方面可能會出差錯，包括在保險範圍內，由誰
來承擔，個人應當負哪些方面的責任？

皮：但是，謹提出另外一個相當「舊式」的論點，這些變遷的
後果難道說不是有很大的可能是：組織周密、富足和資訊
完整的人們，以及一般來說保險耗費較少，而且為自己保
險的能力也較強的人們，其最終做成的交易比最初條件不
那麼好的人們所得到的要好一些嗎？

紀：……一種雙重的分層……

皮：實際上，這樣一來，通過採取私營途徑所獲得的多樣化程
度較高。

紀：劃分並不僅僅在公部門和私部門之間進行，而且還涉及如
何面對風險和培養責任感的問題。教育之所以看來造成了
一條比以往更長的經濟斷層線（fault line），其部分原因就在
這裡。在一個積極活躍的、反思性的世界中，受過良好教
育的人，其生存和過幸福生活的能力是較強的。

皮：通過福利國家體制，瑞典難道不是實現了一定程度的社會
平等嗎？

紀：同大多數其他西方國家相比，北歐的福利國家所顯示出的不

平等程度都是比較低的。但是,有一個真實的問題,即這是福利國家所使然,還是福利國家反映了北歐社會的另外一些方面。看來的確有一種由來已久的平等和集體負責的風氣,不論它是什麼原因造成的。

皮:噢,這可能是真實情況,但它肯定為一種說法找到了貌似真實的理由,這種說法就是,福利國家體制能夠成為確立平等的一條途徑,即使你想要說,瑞典人嚮往平等,而義大利人則不這樣。

紀:是的,儘管這種平等在北歐的實現,與其說是通過收入的再分配,不如說是通過工作的再分配。福利國家為人們提供工作,而在其他社會中,這些人(主要是婦女)則不得不做一些微不足道的工作,或者完全被排斥在勞工市場之外。

皮:但這也同統合主義有關……

紀:我並不認為有證據表明,瑞典的福利國家產生了收入或財富的直接再分配,因為在財富方面,瑞典實際上相當不平等,是一個資本主義色彩濃厚的社會,有許多富人家庭。

皮:像埃斯平‧安德森(Esping Andersen)這樣的人很可能會爭論說,這種性質的福利國家實際上是從初次分配,而不是從再分配角度來解決問題。這就是說,一整套制度結構意味著,只要你願意工作,社會就會給你工作,工資是合理的,工資和條件的談判集中起來進行。因此,並不需要福利國家體系來做所有這方面的工作。

紀:啊,這還是需要的,因為如果沒有龐大的福利國家,就不會有工作。

皮：但這也很顯然地含有重要的性別因素……

紀：的是，但是，在北歐各國，男女平等也是蔚然成風，這並非完全是福利國家所造成。這些國家的大多數非婚和單身母親都在福利國家體系工作。因此，這顯得比較像工作的，而不是收入的再分配。

皮：但有一個例外：轉業培訓的預算數額一直都很大，而失業救濟的開支卻不很多。儘管如此，救濟的水準還是很高，產婦的權利也比在英國廣泛得多。

紀：但是，很難把它看作未來的楷模。維持了這一體制，而又沒有像挪威那樣耗用其他具體外部資源的北歐社會，就是丹麥。瑞典制度看來處境很艱難。芬蘭失業率很高。丹麥和荷蘭是兩個成功的和完好無損的福利國家，其在外部經濟體系中也處於良好的競爭地位。它們兩國都是小國，這也許同它們的成功有關。

皮：最後再提幾個問題。在討論實行積極福利的可能性時，你提出了富人和窮人之間的社會「協約」（pacts）思想。按照你的設想，它們如何建立和運作？

紀：例如，倫敦地鐵的重新裝修有可能獲得屬於不同納稅位階人們的廣泛支持。一旦交通和污染變得十分糟糕，所有倫敦人就會「團結一致」。涉及其他問題的新聯盟可能會在年輕人和老年人之間形成──這兩個類別中都有許多人的確依賴國家。再舉一個例子，考慮一下歐元所可能產生的影響。它也許會造就還沒有任何人預料到的全歐洲的聯盟集團，比如一個全歐洲範圍的領取養老金者聯合會等等。

皮：這我不確定。聽起來你好像實際上是談論某種公共物品。倫敦地鐵得到改善，每個人，不分貧富，都會受益，即使這只是為了使大街上不再人滿為患，使你能夠開著你的漂亮高級轎車縱橫馳騁。在這一事例中，富人在接受益。但是，他們為什麼真的會願意做某種涉及財富再分配的事，這一點不清楚。無論如何，在通過福利國家進行再分配的理由當中，一直有這樣一條：富人願意施捨少年，為的是更牢固地確保自己的絕大部分所得。

紀：那麼，你為什麼發現這敏感問題呢？這是尋求解決這種問題新方法的一種方式嘛。

皮：最一點……你被貼上布萊爾最喜愛的社會科學家的標籤，你的思想，例如有關積極福利和反思生現代化的思想，被認為與新工黨的某些思想，在爭取選民方面有某種「親緣關係」(elctive affinity)。我想問問，你如何看待新工黨的「計畫」？

紀：人們可能認為，新工黨只不過是向右轉了，看破紅塵似地拾起了柴契爾式政綱的很大一部分內容。我認為情況並不是這樣。我認為新工黨正在開創這樣一項議程，它包羅了我們迄今所討論的一切變革。對此不應採取目光狹小的看法——所有曾經奉行社會主義的政黨，就這個問題而論還有形形色色的其他政黨，都正在努力解決這些問題。因此，我們在本書中所興致勃勃地議論過的所有這些發展，其在政治上的結果當然並不僅僅看具體一個國家中的任何特定政黨的命運而論成敗。

訪談錄之七
世界政治

克里斯多福・皮爾森：我們在前面談過政治。但在以下章節中，我想稍微深入一點地探索一下，並請你結合國際舞台上的事件和變遷來談談你的想法。我是否可以從這樣一個問題開始：你認為今天政府的角色是什麼？許多人正談論政治的終結和政府的終結。

安東尼・紀登斯：我可以從稍稍籠統地談論終結這一主題開始嗎？1970年代，文學評論家法蘭克・克爾莫德（Frank Kermode）寫了《終結感》（*The Sense of an Emding*）一書。但是現在與那時相比，終結的主題變得更加明顯。社會主義、馬克思主義、歷史、勞動、家庭、民族國家，甚至還有科學，所有這一切的終結，諸如此類，不一而足，都是最近出版的書籍的名稱。這種奢談終結意味著什麼？知識分子們是否可以在某一時刻宣布終結的終結，並重新開始談論開端呢？

比較容易的答案是說，這一切都來源於上一個千禧年即將結束的時候。也許當新世紀開始之後，文化的理性將會發

生變化，我們都會開始談論開端，而不是終結。這一假設
起碼有一個優點，就是可以檢驗，儘管我們還必須等待一
些年。對於大談終結，我已經作出了自己的微薄貢獻，通過
引入一些概念，譬如「後傳統社會」(post-traditional society)、
自然和傳統的終結等等。

然而，我認為我們應當擺脫終結這一思維方式。實際上有
一個開端正在發生——一個我們在以前各章中討論過的全
球都市化社會的形成。這並不是像馬克思所設想的那樣，
從舊時代中脫胎出來的一個新時代。現在社會的特色依然
如故，但通過全球資訊革命等變遷，它們要比從前普遍和
激進得多。在我看來，談論終結標誌著沒有能力遷就把現
代社會的局限性、複雜性和矛盾性我們必須把自己從過去
的一些夢想中解放出來，而又不放棄一種信念，即我們應
當尋求塑造自己的歷史。從某種意義上講，我們別無它法，
只能繼續努力影響歷史，因為我們的生活受到了我們所釋
放的歷史力量的徹底塑造。例如，考慮一下我們對未來的
看法。最幼稚的迷們才會仍然把未來看作一個和可占取的
領域。幾乎可以說，對我們來說，未來已經不復存在。我
們對未來的魂牽夢縈本身就造成了未來場合的多樣——有
關我們未來的一切思維都變成了場合思維，在其中，任何
場合從原理上講都能夠影響它所設想的情況。這並不僅僅是
一個實例，說明我們無法預知未來，儘管這樣說在邏輯上當
然是正確的。我們對未來是什麼模樣的思考方式已經改變。
不論在集體性的問題，還是在我們的個人生活中都是如此。

我並沒有忘記，你所提出的問題是關於政治和政府的！但是，有關「進步」政府的想法與做自己歷史主人的想法密切相關。這一概念遠遠超出了社會主義範疇，也是保守主義一直抵制的。保守派強調人的非完美性、知識的零散性和我們把握未來能力的有限性可以說我們現在都是保守派——我們不僅需要促進變革，而且同樣經常地制約變革；對於我們沒有充分希望加以控制的力量，我們必須抱防範或警惕的態度。我們關於政府和政治的思想應當反映這些新的理解和認識。

談論政府和政治終結的人往往不僅是在談論事實上的趨勢，而且是在提倡一種具體的價值立場。例如，新自由主義者想要把政府縮減到其最小的基本要素。讓市場來照顧一切，讓我們所說的政治的絕大部分內容都萎縮到文明社會中去吧。他們以為，只要讓一個文明社會自行其是，它就會以某種方式自動地產生團結一致的機制。在這裡，伯克(Burke)所宣揚的「小團隊」(little platoons)常常會被派上用場，似乎凡事都能被縮減到很小的規模上去。這種著作者十分荒誕地責怪福利國家使文明社會元氣耗盡，破壞「天然的」社會和諧。而在這一籬笆的另一邊，是一些社會民主主義者為福利國家所進行的誇大其辭的說項。在一個全球化的社會中，以為凡事都能被縮減到地方一級，這是很可笑的。社會凝聚力有賴於所有級別上勵精圖治，從地方到新興的全球治理系統都包括在內。雖然不會有政治的終結，但是我們的確需要開創與傳統的民族國家所不同的政府

形式。特殊利益集團和非政府組織正在全球舞台上擴散，它們本身並不能提供政府機制，因為政府的部分宗旨就是滿足特殊利益集團的不同要求。在大衛·海爾德(David Held)的「都市民主」(cosmopolitan democracy)模式中，存在著真實的可能性。他設想建立這樣的民主關係形式，即把從地方政府一直到改革後的全球機構都包括在內。

皮：但是可以肯定，並沒有一個世界政府即將出現。在上個世紀末，一種想法十分流行，即某種形式的世界政府即將誕生，起碼一些人確信這一點。第一次世界大戰摧毀了所有這一切；這種抱負現在看來完全不合乎現實。你自己就談論一個「失控的世界」(runaway world)。這難道不意味著我們陷入各種力量——特別是涉及全球金融市場的那些力量——圍困之中嗎？對於這種市場，我們必須適應，但卻沒有什麼希望加以控制。

紀：我的確認為，我們生活在一個失事的世界上。這個詞我原先是從人類學家艾德蒙·林區(Edmond Leach)那裡借用的。這是他大約1/4個世紀以前的「賴思」(Reith)講座的主題。但他在這個詞後面加了一個問號。鑑於從那時以來的事態發展，我認為我們不再需要這個問號。但是，我們不應當，也不可以放棄希望。我們無法以馬克思所考慮的方式馴服歷史，因為作為他的理論基礎的歷史變革的辯論法是不存在的。但作為個人，而且作為人類這一集體，我們仍希望能掌握超過目前狀況的、對自己命運的控制權。實際上，世界社會的前途有賴於此。過去30年的文化情感，

包括「終結」的濫用，受到了市場基本教義派很大影響。
這種影響了新自由主義的理論之中。如果取消管制包涵了
全部內容，那麼我們當然將放棄這種控制。正是這一情況，
加上科技創新的全球化，創造了這個失事的世界。

這種情況有一個抽象的方面，也是一個比較具體的方面。
在富於哲理的一級上，在認識到西方啓蒙運動局限的同
時，我們不應放棄對自己歷史賦予某種指導形式的目標。
這一情況的複雜反思性起到雙重作用：例如，預言如果具
有自我實現性，就可能會變得很糟糕，但也能夠使我們真
正把握未來的變革。

在較爲具體的一級上，有許多有關改善全球治理和使之民
主化的可能性，它們與建立世界政府相差甚遠。我們必須
把全球金融市場的作用包括在這種考慮之中。當然，市場
基本教義派們認爲，金融市場具有自我調節能力，即使在
短期內，也總是趨於均衡。但凱恩斯的現實主義色調要強
烈得多。索羅斯也是如此。索羅斯像我一樣，採用了反思
性這一概念。他說，由於資訊的取思性獲取，所以金融市場
趨於不穩定——市場能夠以出人意料的方式變動，變得混
亂，可能受到跟隨效應（Bandwagon）、一窩蜂行爲和恐慌
的影響。我同意這一觀點——全球金融市場屬於後果嚴重的
風險類別，這種風險是我們自己造成的。我們今天所發現
的那種實時市場是從前沒有的。我們甚至不能排除一種可
能性，即經濟可能會發生全面崩潰。

我們必須希望，大規模的衰敗可能性極小。但我們肯定必

須尋找辦法來使金融市場上的流行更加有效，以把資本的逃離和恐慌現象減少到最低限度。在1997年以及以後東亞各經濟體所發生的問題過後，世界社會對這些問題進行了大量討論。在墨西哥金融危機過後，出現了同樣的激情，但這事後就消失了，並沒有產生任何結果。我希望這次將有較多的成果出現。我們必須尋求這樣一種體制，它具有較強的穩定性，保護本地經濟體，特別是新興市場經濟體，使之免受市場劇烈動盪的影響。世界上現在有大量的游資，其中很大一部分四處尋求短期的高報酬，並注重從匯率變動中獲利。大量的資本能夠被吸引到某個國家或地區，然後突然地，幾乎是在一夜之間又從這些地方流出。較小的、開放性的經濟體看來最容易受到傷害。但由於這是一個系統性問題，所以就連大的發達國家也可能受到嚴重影響。

把自覺意識的治理（conscious governance）引入到這一體系之中應當是一個首要目標。這可以通過本地和全球措施的結合來實現。本地廣泛引進「最佳實踐」（best practices）很重要。一個被大量引用的實例是智利的準備金制度。只有在該國中央銀行中以一年為期存入一筆無息押金，資金才能投入這個國家。目的在於既阻止短期金融投機，又不妨礙投資。這種做法看來產生了效力。

只要國際貨幣基金組織（IMF）保持其當前形式，它的變革就是可取的和必要的。減少美國的控制、增強透明度和另外一些改革，都是很容易辦到的。同迄今為止的情況相比，

市場管制能夠以一種比較有效的方式與民主化相聯繫。索羅斯關於建立一個國際信貸保險公司的建議沒有獲得認真的對待，但類似於此的某種東西是值得考慮的。其構想是在一個信用最高限度內，為國際貸款提供擔保，並將擔保與對一個信用狀況的評估掛鈎；超出這一範圍，私營金融機構要想放貸，就得自擔風險。在我看來，除此之外，「托賓稅」（Tobin Tax）（對國際金融交易徵稅）也應當列入議程。它並不像人們常說的那樣，是一種十分不合乎實際的可能性。它將產生雙重效應：阻止瘋狂的金融投機和產生政府能夠挪用的收入。畢竟，世界金融市場上的大量交易都與政府債券相關。公民不願交納足夠高的稅賦來支撐發達的福利制度，作為對此的反應，政府於是發行債券。雖然建立這種制度並非易事，但是它的好處是相當大的。

皮：歐盟能夠成為保護其成員免遭金融市場衝擊的有效手段嗎？你認為正在出現的其他貿易集團提供了一種抵消金融市場混亂傾向的力量嗎？

紀：歐盟根本無法在這個問題上依靠自身力量獲得成功，就甭提其他貿易集團了，因為它們的組織程度更差。必須在全球層面採取措施，而又不損害資本市場全球化給發達和新興經濟體帶來的十分真實的好處。歐元的命運將不是由歐洲，而恰恰是由全球市場的反應來決定。

皮：你自己對這種單一貨幣的態度如何？它有一種社會學上的，而不是經濟學上的角度嗎？

紀：對作為一個抽象概念的這種單一貨幣，我是不贊成的。歐

盟對它的發展方式是不可取的。另外一些東西應當放在首
要位置。在歐盟中，民主和負責性問題仍很嚴重，並有待
解決。公眾對歐盟熱忱的減弱肯定與它的機構的冷漠和官
僚主義性質有關。此外還同一個事實有關，這就是它的議
程看來與普通人所擔憂的種種問題是不一致的，特別是失
業問題。此外，單一貨幣是一個很大的風險，其後果是未
知的，其與新的風險現象的開放性十分吻合。像歐盟這樣
一批富裕的大國所組成的集團嘗試實行一種單一貨幣，這
是前所未有的。以往貨幣的形成一般是隨著民族國家的創
建而到來的。

在一些歐洲經濟體之間，已經有相當大的趨同。因此，在
短期內，市場對歐元的反應也許不會很大，但實際上，也
沒有人說得準。在中期裡，困難可能會增加，這要看世界
經濟的情況和歐洲各經濟體今後的內部發展。許多人說，
單一貨幣與其說是單純經濟性的，不如說是一個政治性的
項目。我認為這是對的。然而，它在經濟上若出現任何故
障，都會產生重大的政治後果。很多經濟學家對單一貨幣
的僵化問題所表示的擔憂，在我看來都是真實存在的。對
美國的那種勞動力的高流動性，歐洲是沒有的，大概也不
想獲得。

正如你的言外之意，社會學家們同他們迄今的做法相比，
應當更加仔細地考察這個貨幣聯盟。如果它的經濟後果實
在巨大——正如支持者和反對者以其不同方式所斷言的那
樣——則它在社會方面的影響可能也將是深刻的。例如，

像上面提到的那樣，單一貨幣或許會使來自不同國家的集團比以前更加清楚地看到彼此間的共同利益。意大利南部的一個小農場主可能會發現，他與一名蘇格蘭佃農有許多共同點。一個國家的領取養老金者可能會與全歐洲境況相同的人們積極地聯合起來。歐盟在政治上的合法地位可能會使歐元遭受挫折，而不是將它向前推進。

此外還有一種可能性。雖然它很小，但是歐元也許會成為一個啞彈。經濟趨同已經存在，這個事實可能意味著，將來的變化不會很大。

皮：你對歐盟（European Union, EU）作為一個整體的看法如何？它的前途可能會怎樣？一些人認為整個歐盟都出現了不斷增強的歐洲懷疑主義浪潮。這是否意味著，儘管實行了歐元，「歐洲計畫」還是正在倒退？

紀：歐盟像世界上的許多其他事物一樣，必須看作既是全球化的一種表達方式，又是對它的一種反應。歐盟誕生的環境與今天迥然不同。它原本是對第二次世界大戰的破壞性的一種反應，後來又是冷戰的一種現象，使「歐洲」夾在共產主義和美國之間。就連歐洲統一的一些最早的倡導者也從遏制俄羅斯的角度來看待它，把歐洲當作夾在共產主義者和美國之間的一個「自由地帶」。

1989年以後的情況看來有了很大不同，但歐洲的計畫被來自過去的一種慣力帶動前行，這並非出人意料。我是非常親歐洲的，但我們不應當忽視一些歐洲懷疑論者所提出的批評。再說一遍，歐洲的計畫在人民大眾眼裡要想變得「真

實」，歐盟就必須幫助解決人們日常的擔憂，而且是在一個民主化制度的框架中這樣做。尤其對「輔助性原則」，必須認真對待。這個詞本身就略帶「歐洲官僚氣息」（Euro Burueaur），是布魯塞爾官僚機構的產物。然而，對於在政治上追上全球化，它卻帶有根本重要性。「將歐洲視為一個地區」，這應當不僅是一個口號，而且是權力下放的一個現實情況。認識到這一點，就是看到一種思想的謬誤，這就是認為，歐盟要想具有重要性，就必須成為一個中央集權的聯邦國家。這是歐洲懷疑論者惡夢的部分內容。但是，有關歐洲的建議若得到正確的理解和發展，便會朝著兩個方向推進。聯邦論的批評者們看來沒有認識到，一個高效的聯邦體系是一個權力下放的體系。這樣一個體系是與發展歐洲中央政府權力並行不悖的，只要它順應對民主的擴展。在歐洲一層級進一步發展官僚機構，這意味著加強歐洲議會的權力，以及重新考慮地方責任制（Local Accountablity）的形式。

歐盟儘管帶有墮性，但卻領先於，而不是落後於其他經濟集團。歐盟或者可以被重新解釋為，是對全球秩序的一種富於開創性的反應。它可能會作為其他地區仿效的樣板而發展，並為我在前面談到的都市化全球社會作出貢獻。

在我看來，歐洲的都市化特點比發現某種形式的歐洲文化總特徵要重要。人們花費了很大力氣要找到使歐洲與其他文明截然區分的歐洲文化特性，抑或培養某種形式的一體化文化。但我並不認為，這些策略是可取的或必要的。歐

洲不會,也不能顯得像一個超級民族國家,具有一種共同的文化。使它團結一致的理想應當是世界上任何人都能分享的,包括促進經濟繁榮、保護個人自由、對沒有特權的人們的集體責任,以及承認民主權利。

對北約組織(NATO)也可發表類似評論。人人都把它當作一個問題來對待,但它可能成為我們的一些全球困境的解決辦法。美國人在北約中占有核心地位,這使它與歐盟截然不同。依其現狀,北約無法成為歐盟的軍事分支。但是,這並不是壞事,如果我們不用老眼光看待北約——把它當作典型的冷戰組織——而是看作它可能變成的組織。人們常說北約沒有明確的角色。但是,如此評論的人們往往考慮的仍舊是與傳統老幼政治和民族國家間衝突有關的武裝力量。對北約比較貼切的說法是,它屬於一個「沒有人有任何敵人」的世界——在這個世界上,由克勞塞維茨(Clausewitz)的經典著作《戰爭論》(On War)中的原理所推動的地緣政治理論不再適用。北約的存在等於宣告了傳統戰爭的過時,它的無固定形狀的結構本身就可能會促成這種情況。以這種方式看問題,北約最終的東擴,以不僅吸收東歐(它目前正好推進到那裡),而且吸納俄羅斯,就是毫無困難的。

對北約的宗旨,必須聯繫到這種情況來加以澄清;對北約的權力,必須明確地加以界定和劃分。這項工作的最佳途徑是美國和歐洲之間在聯合國協助下的合作。在我看來,這種可能性不偏不倚地落在烏托邦現實主義的視野之中;這

些抱負雖然實現起來並不容易,但卻絕對不是不合實際的。

皮:但是,歐盟的經濟狀況如何呢?正是在這裡,人們最經常地使用「歐洲硬化症」(Eurosclerosis)一詞。就在我們現在談話的時候,美國經濟看來情況很好。雖然像一些人所說那樣的商業周期縮短的一種「新典範」(New paradigm)可能會、也可能不會出現,但是美國現在似乎喜上加喜,失業率低,通貨膨脹率低,經濟增長率也相當高。而歐洲則看來陷入了高失業率的泥沼,失業率今後大幅下降的前景暗淡。歐洲各主要國家的很多國營企業看來毫無競爭力。對「歐洲模式」,需要徹底地重新考慮嗎?

紀:對任何此類信口開河的比較,我都要加以抵制。經濟學家史蒂芬·尼克爾(Stephen Nickell)的研究結果表明,歐洲各國的失業率有很大差異。從1983年到1996年期間,經濟合作發展組織(OECD)中的歐洲各國30%人口所在國的平均失業率比美國低。此外,一些失業率最低的國家,譬如奧地利、葡萄牙或挪威,並不以勞動市場的(彈性)著稱。若考察經濟增長率,則起碼按照一般的衡量方法,在這一時期裡,一些歐洲國家的經濟增長率超過美國。因此,情況並不像許多人認為的那樣涇渭分明。再說,在對歐洲和美國進行比較的時候,還有為歐洲福利國家辯護的人們通常所提出的種種證據。雖然美國的失業率也許比大多數西歐國家低,但這卻是以有工作的窮人比例較高為代價的。美國社會底層25%的人們的工資1/4個世紀以來一直陷於停滯,或者說直到最近為止是這樣。而西歐各主要經濟體的

情況則不是這樣。美國的人口平均入獄百分比比歐洲高得多。我所看過的最全面的報告說，監獄囚犯人數占美國男性勞動力的整整2％，如果不僅把監獄中的男囚犯，而且把獄吏人數也包括在內，那麼男子失業率還要上調2％。我們必須找到一條不同的道路，這絕不是一項不可能完成的任務。我們在前面談論過福利國家的改革，起碼是籠統地談過。福利改革在很多歐洲國家都是緊迫和必要的，儘管我們肯定應當承認歐洲福利國家的多樣性。這種改革不應當是「美國式的」；換言之，它對待福利應當採取積極的，而不是消極的做法。在美國，「福利」總是帶有消極色調。而在歐洲，人們十分正確地把福利國家看作社會地位提高和實現個人成就跳板。我們需要進一步大力提倡這些素質，尤其鑒於從福利制度最初建立以來，情況已經有了很大改變。只有這樣，才能實現我在前面一章中所提到的風險和安全之間的新平衡。

當前的改革必須同在全球經濟體中的經濟成功掛鉤。在勞動市場這個傷腦筋的問題上，史蒂芬‧尼克爾的分析提供了部分答案。勞動市場的僵化不會損害就業，只要這意味著合法保護工人權利和嚴格的就業立法。失業與其他特點相聯繫，比如同無限期地延續的高失業救濟金，或者同勞動市場較低一端很差的教育水準相關聯。在這裡，結構性改革肯定是必要的。監管存在「臨時工」問題上的爭論，但我認為，圍繞著工作的積極的再分配，有一些重要的可能性。例如，「荷蘭模式」的成功看來就是依賴大量兼職

工作的有組織的創造。

失業問題不可與性別和家庭問題，以及工作前景這一範圍廣泛的問題分開來考慮。雖然失業率看起來很像是僵化的統計數字，但是只要稍加考察，就會發現它們是複雜的，而且可以有多種解釋。失業者就是那些說自己想工作的人。即使這能夠精確地衡量，也會把一些人排除在外：有工作但寧願不工作的人、其工作不能帶來良好回報的人，以及未被列入失業類別中去的人，譬如退休的人。許多超過決定退休年齡的人也許想工作，但他們不被算作失業者。1960年代曾經有一些人預言一個休閒社會（leisure society）將出現。但與他們的預料相反，工作在人們生活中的重要性增加了，即使這只是因為勞動婦女所占比例增大了許多。但今天對許多人來說，工作仍然具有壓迫性，這甚至包括一些從事管理和專門職業的人。在當代的全球經濟中，有兩種時間的壓迫。高層人士往往總是在工作：有關「閒暇階級」的舊的構想幾乎完全消失。資訊技術和新的通信技術的影響意味著，他們無時無刻不在工作。他們受到「總是沒有時間」的壓迫。而社會底層的人們則遭受到另外一種形式的壓迫──失業者手頭的「時間太多」。一批人的工作可以少於另一批人的工作。

不幸的是，由上而下地重新分配工作是不可能的。然而，這兩類人的工作境況有了靈活性（flexibility）的提高，都可能會得到改善。「靈活性」可以成為勞動的隨興化的一個名稱。然而，如果以一種積極的方式加以採用，它能夠成

為為生活中的工作找到一種比較令人滿意的角色的途徑。積極地重新安排自己的生活，做到這一點的人們的確聲稱這樣做使他們更加幸福。在德國的研究結果中，這些個人被稱為「時間先驅者」（time pioneers）——他們期望建立一種不同的工作生涯模式，使之有別於從前占主導地位的模式。

關於工作的前景的一場辯論是由德國綠黨於1980年代初發起的。他們所提出的一些想法遭到貶低，被認為是奇怪的，但卻已經成為主流社會討論的部分內容，即使並沒有得到實行比如公民所得概念。原先，生態方面的考慮似乎與經濟發展和就業機會的創造不一致。但現在，把這兩者看作相互影響幾乎很平常了。更多的東西能夠用更少的東西來生產；資訊科技從環境意義上講是很清潔的，不管它有可能造成的其他問題是什麼。

我們不知道資訊科技的進一步推進將在多大程度上使它所毀掉的就業機會多於它所創造的工作機會。吉利米·雷夫金（Jeremy Rifkin）等人認為，新科技正以一種破壞性方式，順著工作層級向上攀升。在消滅了大量不熟練和半熟練工作之後，資訊科技接著將去除許多由素質較高的個人所從事的工作。另外一些人，包括大多數正統經濟學家，則認為新技術的進步將創造種種人們始料未及的需求形式，從而使它所產生的工作機會同技術發展所消滅的一樣多。這兩種預言之間的差別所起的作用，恰恰是重新提醒人們不要把有關工作的辯論局限在失業單獨一個問題上。

皮：迄今為止，我們還沒有談到英國對歐盟的參與。從歐洲煤

鋼共同體(European Coal and Steel Community, ECSC)一直
到歐盟,英國都扮演配角。儘管人們大談英國將在歐洲占
據中心地位,但看來並沒有很多東西改變。作為一個島國,
英國的歷史一直是與歐洲大陸分開的;作為一個帝國,英
國與其歷來有聯繫的都是歐洲以外的世界其他地方;作為
一個講英語的國家,它一直緊密地附屬於美國。鑒於所有
這些情況,英國與歐洲充分融合的前景如何?

紀:從經濟上講,英國已經是歐洲的一部分:英國60%的貿易
是同歐盟進行的。巴黎與與倫敦的距離,不論是坐飛機還
是火車,都比曼徹斯特近。我想舊的態度現在很可能會迅
速改變。英國無疑地將保持大西洋兩岸間的聯繫,但是它
並不是歐洲邊緣的一個美國前哨,而是能夠並且應當在發
展歐洲與美國之間的繼續對話方面發揮作用。

在歐盟中的參與正在促成英國成為一個國家的重塑。敵視
歐盟的人們當然把這看作英國主權的外流及其特色的被衝
淡。從總體上講,情況恰恰相反。全球化往往突出了局部
的自主,包括地方民族主義的要求。遏制這種傾向,使地
區主義和民族特色並並不悖,要做到這些,最佳途徑就是
通過歐盟。各地區實行自治的西班牙為此提供了典範。英
國很可能將加以仿效,走一條類似的道路。國家特徵能夠
通過權力下放來維持,而並不一定會被削弱。

皮:到目前為止,我們所主要談話的一直是已開發世界。人們
對你的研究工作的經常批評之一是,你一味地重視世界社
會的這一很小部分,而忽略其餘部分,即南方。你對這種

批評反應如何？

紀：全球曾經十分明確地劃分爲第一、第二和第三世界。那時，
　　這種批評是有一定道理的。現在，在我們所處境況中，這
　　一劃分已經不再適用。一些過去的第三世界國家現在比第
　　一世界國家還富裕，而俄羅斯和東歐等共產黨社會已經不
　　復存在。在這種情況下，我的大多數論點或多或少地在全
　　世界都適用。正如我在前面所強調的那樣，全球化已經不
　　再主要是西方向世界其餘地方的擴展問題。就在富足的國
　　家當中，可以找到種種「第三世界」特色。因此，我認爲
　　不能說我忽略了世界的主要部分，儘管我確實沒有對南方
　　國家的社會作任何詳細的研究。

皮：也許，我可以從大陸到大陸，從北方到南方，來詢問你的
　　反應。首先，你認爲擺在東歐和俄羅斯「輕型經濟體」
　　（transitional economics）面前的主要問題是什麼？

紀：俄羅斯的情況不同於任何東歐國家。在東歐，影響向市場
　　經濟和開明民主制成功過渡的因素之一是，執政黨統治集
　　團在多大程度上被及時地取代。斯洛伐克和羅馬尼亞等國
　　的情況不好，而另外一些國家，像捷克、匈牙利和波蘭，
　　則幾乎已經爲歐盟所接受。一國的歷史，包括它是否曾經
　　建立議會制度，以及它的工業化水平，是一個重要因素。
　　對俄羅斯必須單獨加以考慮。應當記住，對東歐國家來說，
　　1989年是一個十分積極的象徵，是對擺脫外國統治的一場
　　積極抗爭的表達。俄羅斯本身則經歷了一個與此截然不同
　　的變革過程。主要推動者戈巴契夫實際上並沒有認識到他

所釋放的種種力量。戈巴契夫對未來的設想是積極的，其
影響被證明是巨大的，爲的是使軍備競賽停止。到1980年
代中期，他已經認識到，對俄羅斯來說，堅持與美國的軍
備競爭，實際上還有堅持冷戰本身，是沒有前途的。他斷
言，前途將有賴於國際合作，而不是一個兩極體系。雷根
當時十分驚訝。他和許多其他人認爲，戈巴契夫的立場只
不過是俄羅斯僞善的又一翻版，他要求建立「世界新秩序」
僅僅是要掩蓋一個事實，即俄羅斯在經濟上遠遠落後於美
國，在武器開發方面也是如此。這些因素無疑影響了戈巴
契夫的思維。但現在看來，他建議改變方向顯然是抱著誠
懇的態度。然而，他的想法是使資本主義和共產主義並存。
他沒有預見到，共產主義將被推翻。戈巴契夫在俄羅斯之
所以如此不吃香，這是一個主要原因。當共產主義體系崩
潰時，所出現的大多數問題，都歸咎於他。

因此，與東歐各國1989年巨變的涵義不同，俄羅斯並沒有
經歷一場「資產階級革命」。舊的黨內統治集團基本上是
簡單地轉移到新的經濟和政治角色之中。因而毫不奇怪，
迄今爲止的民主化進展是比較有限的，經濟的發展也落入
黑道資本家之手。一些人，譬如理查‧李歐塔（Richard
Layard），撰文熱情地看待俄羅斯的經濟和政治前景，甚至
對其短期前景也抱樂觀看法。我則要謹慎得多。俄羅斯所
面臨的問題令人望而生畏。一些人似乎認爲，黑道資本主
義將會正規化，就像1920年代以後在芝加哥所發生的情況
一樣。但是，芝加哥當時是一個處在較大社會中的城市，

這個社會已經擁有穩定的政治和經濟制度。在俄羅斯普遍出現的黑道資本主義則是一種截然不同的東西。累積起來的資本當中，有很大一部分進了國外帳戶。其部分結果是，國家在獲得稅收方面遇到了根本性問題。這一問題通過貸款而有所減輕，但結果很可能將是無法償付的赤字。同東歐相比，在俄羅斯，私有化是一個棘手得多的問題，這是因為所涉及的一些企業規模巨大，以及農業部門的狀況。農業改革是亟需的，但除了慢慢實行外，沒有別的辦法，部分原因是對變革的抵制，另外部分原因是，任何其他道路都會造成失業工人人數千百萬地增加。

俄羅斯擁有豐富的自然資源，包括大量的石油和天然氣儲備。它是一個潛在的富裕國家。但目前，我的預見是，某些城市和地區，特別是莫斯科及其周圍地區將快速發展，其餘地方有許多將陷於停滯。此外，不應忘記有待於克服的環境困難的嚴重性。

政治上有兩個問題：在地區自治的進一步要求面前，國家能否保持統一，以及民主化將推進得多麼快和多麼遠。這兩個問題都應當聯繫到全球化來解決。問題不僅是俄羅斯向開明的民主制度過渡的成功與否，而且還在於它是能夠應付就連最成熟的民主社會也受到影響的種種因素。民主像一種無害的病毒一樣，正在四處蔓延，遍及民族國家層級之下，及其之上。以一種建設性的方式應付這些壓力，這最起碼地講，也不會是易事。

皮：現在咱們把話題轉移到東亞吧。看來好像直到最近為止，

原先的一些亞洲第三世界國家開創了一種非常成功的經濟發展形式。「亞洲奇蹟」膾炙人口。許多人還談論太平洋世紀的即將到來，這一設想不僅包括亞洲「四小龍」，而且包括中國。東亞的危機使得他們改變了看法。我們現在不再聽到人們大談亞洲奇蹟可以教會西方什麼了。「亞洲奇蹟」今天的狀況如何？

紀：我曾經撰寫過一篇文章，題為〈學究觀點的危險性〉("The Perils of Pundity")。就有關東亞的評論而言，它正中要害。幾乎是在一夜之間，而且以不適當的迅速，人們對亞洲經濟體的態度改變了。在1997年以前，很高的借債水平、對外來投資的抵制和政治及道德上的極權主義，都被普遍看作優點。現在，它們卻被同樣普遍地理解為弱點。這兩種看法之中，都有一定的真實性。這些特徵使得在線性現代條件下的快速發展成為可能。但同時也對反思性現代化發揮作用的進一步發展中形成阻礙。

當然，經濟小龍國家各自的情況有很大差別，其中中國情況有其自身的特殊性。在有關的不同國家裡，事態的展開無疑將是有差別的。在其中所有國家裡，今後幾年的經濟增長率很可能會降低，其中一兩個國家甚至可能出現負成長。這些國家成功的進一步發展，其條件如下：對腐敗和侍從主義(Clientelism)打擊，不僅在銀行部門，而且在大公司中；民主的延伸，不僅是指有效的多黨制度，而且還指我們一直都在討論的民主化其他形式；對向國內投資的開放；以及男女平等地位的增強。

這最後一點在有關東亞前途問題的討論中並沒有經常提及。但我認為它是至關重要的。通向反思性現代化的唯一道路是通過增強性別民主，儘管它既帶來種種機會，也造成一些問題。

「中國模式」在這個廣大的國家將繼續產生快速的經濟發展，同時共產黨會牢牢地保持控制權嗎？在我看來不會是這樣。快速的經濟發展可能會繼續，但民主化將會到來。在此之後誰知道將會發生什麼？中國也許會恢復強烈地區主義的格局，加上社會和地區之間嚴重的不平等。

皮：我們還剩下世界上的整整兩個地區沒有談到——拉丁美洲和非洲。我並不期望你充當一位什麼都懂的學究，特別因為你剛剛就學究觀點的危險性發出警告。但是，你能否簡略地發表一下看法，談談你認為這兩個大陸發展的總走勢？

紀：你總是不問容易的問題，對嗎？我樂於嘗試作出一些猜測，但我不能聲稱自己有什麼特別的內行看法。

拉丁美洲最重要的變革之一，確切地講就是民主化的加強——擺脫軍事獨裁和其他形式的專制主義統治。以往一些拉著國家一直在軍人統治、民主制和軍政府重新上台之間搖擺。我認為這種循環現在已經被打破。民主化是一個一般化過程，它得到了較大範圍內的全球化力量的推動。全球化和其他相關的變革也影響到地位較為穩固的民主政權：例如，墨西哥「一黨民主政府」的長期統治已經結束。在經濟一層面上，相當依賴三個最大的經濟體：巴西、墨西哥和阿根廷的層面。它們每一個從世界角度來講都是大

的：按國內生產總額（GDP）衡量，巴西居第8位，墨西哥第16位，阿根廷第18位。巴西儘管近年來經濟增長率較低，但其經濟前景看來是好的，不過要看整個世界經濟的情況。對通貨膨脹的徹底控制是一項重大成就。巴西有能力成為經濟成長真正的力量源泉，但如何改善窮人和被排斥者的命運，這是一大問題。與其餘20個最大的經濟體相比，巴西仍是一個引人矚目的不平等的國家。實際上，其中一個最複雜的國際間評量結果顯示，拉丁美洲的不平等比美國、歐洲或澳大利亞嚴重。由於依賴理論早已被放棄，所以我看不到未來將有任何明確的解決辦法。那裡對不平等的遏制起步的基礎與歐洲完全不同，問題十分棘手。

對拉丁美洲來說，墨西哥危機具有重要的象徵意義。雖然美國深入地參與了解救任務，但是我認為，危機的結果使拉丁美洲擺脫北方主宰的獨立性得到加強。我把拉丁美洲看作一個越來越自治的地區，它在世界事務中的作用不斷增大。我希望巴西像其他國家一樣，在聯合國的核心圈子裡成為一個真正的世界領袖。依賴理論促使拉丁美洲陷於孤立；可喜的是，這個次大陸現在正被充分地引入到新興的國際社會之中。智利等國的政治創新為世界其餘地方確定了標準，抑或最起碼地，是提供了其他國家和地區可以學習的典範。

在過去20年裡，全球資訊經濟體的地位確立了，正是在此期間，撒哈拉沙漠以南的非洲地區經歷了相對貧困的加重。這些事實是眾所周知的。我同意曼威·科司特（Manuel

Castells)在《千禧年的終結》（*End of Millennium*）一書中的觀點，即非洲情況的惡化與全球經濟的擴張本身，有著因果聯繫。非洲比昔日的蘇聯集團更為徹底地被排斥在全球資訊革命之外。科司特稱非洲為「第四世界」，說它是由另外3個世界的解體本身造成的。一個事實表明了非洲的貧困化：非洲1950年的生產占世界出口的3％以上，而到1990年代初，卻下降到1％稍多一點。進口比率也下跌了。即使把南非包括在內，非洲的出口基本上仍舊限於初級農礦產品，特別是農產品。從海外借債和國際援助已經成為大多數非洲主要經濟體的重要組成部分。在一些國家，例如在莫三比克，來自援助的收入1995年占國民生產總額的50％以上。非洲的長期困難無疑是殖民主義的破碎遺跡，而冷戰則使該大陸的困境有加重的作用。本國官僚機構的統治地位造成了投資的匱乏、通信的不發達和發展人力資本的失利。這些因素是相互加強的——海外資本不願在非洲投資，因為這種投資完全從客觀上講，是風險很大的事情。

南非和奈及利亞從原則上講是能夠解除非洲經濟桎梏的。奈及利亞占撒哈拉沙漠以南非洲地區總人口的20％左右。但是目前，它的前景看來不好。不論石油收入是其有利還是不利因素，該國經濟的國家控制成了阻礙經濟持續發展的嚴重障礙。奈及利亞國家顯然是殖民地時代的遺留物，它的合法地位的持續缺乏既是35年來軍隊在政府中角色的原因，也是其結果。像非洲的許多其他殖民時代遺留下來的國家一樣，奈及利亞是一個由國家強行劃分的民族。極

需的與其說是一個民族國家的形成，不如說是在參與世界
經濟的情況下的改革政府。

一些人把南非看作催化劑，認爲它能夠激起非洲其餘國家
的積極反應，扭轉其頹勢。同撒哈拉沙漠以南非洲任何別
的國家相比，南非的工業要發達得多。實際上，1990年代
初，它占撒哈拉沙漠以南非洲地區工業總產值的一半以
上。但是，它的貧富嚴重不均，甚至比巴西還要不均得多。
一些研究結果把它評爲世界上收入分配最不平均的國家。
收入和財富嚴重地集中在人口中最上層10%的人手中。這
些人幾乎全都不是黑人。儘管其政府信誓旦旦，但南非融
入外部世界經濟的程度超過其融入非洲的程度。目前看
來，南非不大可能會成爲一個「非洲奇跡」的動力源泉。

皮：你對未來所抱的希望有多大？你最終是樂觀派還是悲觀派？

紀：在我看來，我在本書中所經常提到的風險概念超越了樂觀
　　主義和悲觀主義之間的界線。風險既是給我們生活注入活
　　力的機制，也處於我們所面臨的新困境的核心。伍爾利希·
　　貝克(Ulrich Beck)說我們在其中生活的世界是一個「全球風
　　險社會」(global risk society)，對這種說法，我並不反對。
　　我們在新世紀中，對在機會和風險之間建立有效的平衡，
　　責無旁貸。

附錄

附錄一
處於舞台中央的中間偏左派[*]

紀登斯

布萊爾所稱之爲中間偏左的立場有獨特之處嗎？

1997年選舉的準備期間，馬丁・雅克斯（Martin Jaczues）和斯圖亞特・霍爾（Struart Hall）振筆疾書：「布萊爾：從柴契爾夫人（Margaret Thatcher）以來最了不起的保守黨人？」他們寫道：「雖然保守黨人陷於分裂、精疲力竭和士氣低落狀態，但是仍舊以他們的論點、他們的哲學、他們的重點，界定著新工黨的思維和發言程序。」新工黨已經在很大程度上向中間立場轉移，以致該黨現在所標誌的僅僅是重溫柴契爾主義。他們說：「布萊爾政府的上台，預示著把事情搞得一團糟」，並且將是一個短命的政府。

布萊爾一定像任何人一樣地意識到所涉及的種種困難。許

---

* 原載《新政治家》1997年5月特刊。

多其他評論者也響應了雅克斯和霍爾的批評。工黨的宣言說：「我們已經革新了工黨；我們也將革新英國。」但是，第一項工作並沒有為第二項工作提供多少指南。用在工黨身上，「革新」是什麼的問題很容易講，但用在整個一個工業發達的國家身上，確定這個詞的涵義則困難得多。

事關重大。在戰後時期裡，英國有兩次所開創的思想和政策影響了全世界的政治思想和實戰。第一次是凱恩斯主義福利國家的締造。工黨對這項體制起到很大的塑造作用。第二次是柴契爾主義，比較籠統地講，是新自由主義。倘若新工黨高瞻遠矚，勇於進取，則它可能會引發一個其重要性和影響力與前兩次相當的新的政治框架。因為舊的「福利問題上的共識」（Warfare consensus)已經不復存在；布萊爾正確地說，恢復這種共識是不可能的。然而，新自由主義不僅已經元氣耗盡，而且首先，它是一種捉襟見肘並且自相矛盾的政治哲學──保守黨人以巨大的代價發現了這一點，工黨若不超越這種哲學，也將發現這一點。

工黨是朝著實現美國政治的第三階段取得了一定進展呢，還是僅僅陷入雅克斯和霍爾等批評者所斷言的毫無原則的泥潭？

我的回答是，工黨及其周圍的一群顧問和知識分子在完成任務方面取得了出色的進展，儘管迄今為止的結果並不特別激動人心，也不具有特別強的吸引力。中間偏左事業目前狀況如下：不論是涉及勞工市場、工業，還是政府本身的結構問題，新工黨都試圖從長計議。國家必須在其中扮演重要角色的、在

人力和社會資本方面的投資，必須對較為正統類型的投資提供補充。通過這些使持有股票蔚然成風，鼓勵公司在經營管理方面採取長遠觀點，不管人們對此怎麼看。憲法改革無論如何都是現代化的一個十分可取的特色，它將在開發社會資本方面發揮作用，因為它將使人們對政府的信任增強。從道義上支持這一切的將是注重權利與義務的配合與兼顧。

所有這一切都是有一定力量的。它的確試圖造成與新自由主義的決裂。雖然情況要看人們對這項事業如何特別的看待，但是它所暗含的是使美國擺脫美國模式，向著某種類似於股東或萊茵河式資本主義（Stakeholder or Rhineland capitalism）的方向前進。對投資開發人力和社會資本的重要性，我並沒有異議。持股的想法也肯定是寶貴的，儘管其價值並不像其倡導者們所斷言的那樣大。但是，工黨需要好好考慮的是，它的大政方針是否具有充分的吸引力，以便對它將會面臨的種種挑戰具有足夠的控制力。

以下是幾項建議，為的是替中間偏左派計畫添加一些內容。我願冒帶有說教口吻的風險，提出一些需要考慮的問題，但我也將提出可能的答案，其中大多數屬於僅供參考的類別，因為一項明確的和具有說服力的中間偏左綱領仍在制訂過程中。

什麼是中間偏左論點？按照我的理解，它是一項著眼於世界上正在發生的根本變革的政治觀點。這些變遷意味著，左右兩派之間的分歧不再像從前那樣牢牢地把握著現實。政治忠誠的新對象，以及增進共識的新形式，都成為可能。其中許多所

涉及的問題是沒有明確的左派或右派解決辦法的。中間偏左觀點並不排斥激進主義；事實上，它尋求發展激進的中間派思想（radical centre）。激進中間派的概念只在一種情況下才是一個有矛盾的形容法。這種情況就是一個人以為，左右兩翼仍然界定政治生活中所有值得採納的意見和政策。我的意思是說，種種政治問題都要求激進的解決辦法，但它們的解決，能夠獲得社會各個階級的普遍支持。

中間偏左派繼續從左翼價值觀念中獲得啓迪，但它承認，作為一種經濟管理理論和一種對歷史的解釋，社會主義已經消亡。左右兩派之間繼續存在的主要分歧是，左派較多地注重促進平等和民主，並認為國家能夠採取行動推進這些目標的實現。

中間偏左派都對哪些變遷作出反應？對我們的生活產生主要影響的力量是全球化。迄今為止，人們對這一現象的了解仍然很不夠。「全球化」這個詞已經十分常見（儘管僅僅10年前它還未被採用），以致一種反應已經形成，一些人爭論說，它基本上是一個新自由派的神話。然而，我們對全球化的理解，應當不僅僅是世界經濟競爭的加劇，而且還有我們生活方式的改變。我們大家都正在學習適應一個全球都市社會（global cosmopditon society），這個社會帶來了種種益處，也帶來了種種變革——這個社會所產生的地震般的強烈衝擊，破壞了種種人們所熟悉的制度和機構，其中從婚姻和家庭到民族國家及其範疇之外，都已包括。與許多觀察家的看法相反，全球化使政治決策比從前更為緊迫和重要，而不是有所減弱。

激進的思維和政策將是必要的。只有這樣，才能面對全球化使之變得重要的種種問題，並使其所帶來的種種重要機會最大化。工黨議程中最重要的政策問題——包括憲法的修改、權力下放、改革福利國家和歐盟的未來——都顯示出全球化的影響。

現代化計畫應當包含什麼內容？重要的是要認識到，正在全世界發揮著作用的現代化有兩種形式，在一定程度上它們是相互矛盾的。

一種我稱為「第一階段現代化」(first-phase modernization)，它所指的是這樣的現代化進程：它們使一個社會，打個比喻來說，沿著一條直線向財富的增加方向前進；在這個社會中，經濟繁榮、生活的保障和總的生活質量的提高往往是攜手共進的。而在「第二階段現代化」(second-phase modernization)——反思性現代化中，這些情況不復存在，現代化意味著對其自身的一些極限、緊張和困難的容忍。

第二階段現代化所提出的問題，不能採用第一階段的策略來解決。例如，迄今為止的亞洲經濟發展就一直是線性的，即第一階段現代化——現在，比較成熟的亞洲各經濟體遇到了嚴重的第二階段問題。第二階段現代化的言外之意並不是經濟的一成不變狀態或毫無增長。

它與低通膨、低增長的目標是並行悖的。它所產生的是經濟繁榮的日益增強。但是，它意味著也要應付生活的這樣一些方面：要麼某些東西太多，而不是太少（例如公路交通量），要麼經濟發展變得具有破壞性。它要求與生態上的擔憂建立一種

範圍廣泛的融洽關係。工黨的宣言對環境保護的重視有所增強，但是仍有一條長路要走。對生態環境的注重能夠促使許多方面的考慮相互融合，共同形成一項社會和經濟振興計畫。工商業集團和生態保護團體越來越多地實現合作，而不是使各自的利益無可挽回地相互對立；稅收可以較多地側重在消費，而不是生產領域中進行；從生態學角度看，城市和運輸政策與各種其他政策領域是相聯繫的。

新工黨並沒有任何全面性的經濟理論。倘若這種理論既不能夠是凱恩斯主義，也不應當是新自由主義，那麼它或許是什麼？雖然目前還沒有人有明確的答案，但是有一種新的模型在制訂工黨的經濟方針方面，可能是有價值的。這種模型，美國經濟學家麥克‧曼德爾(Michael‧Mandel)稱之為高風險經濟。

在這種反映全球化狀況的高風險經濟體中，正如上面提到的那樣，財富的創造與生活的保障和品質相互脫節。積極地承受生活中的不確定性，以及能否在諸多生活領域中作出成功的「投資」決策，這些日益成為在全球範圍內進行經濟競爭的成功基礎。正如曼爾爾所說，經濟增長的來源「是加劇這種不確定性，而不是使之減輕的力量。」在高風險經濟體中，從長遠計議，獵取有把握取得之物不可能成為有效的策略。可以獲得的資訊太多，來者不拒，競爭者如雲。政府必須幫助提供人們有權獲得的生活保障手段。我們不能也不應試圖把人們同風險隔絕開。承擔風險是經濟繁榮的條件(對解決它所帶來的生態方面的和其他方面的問題來說，也是必要的)。而生活保障必須要通過保險業來提供。由於福利國家在很大程度上是由國家管理

的一個風險應對體系,所以這一考慮與福利改革直接相關。可能性是很多的。例如,就拿所得平均數的計算來說。這指的是依據3年或4年的平均所得,而不是單獨一年的所得來計算應納稅額。這樣做對失業者或所得明顯減少者(但不是對收入大增者)來說,將帶來好處,而又不會使刺激人們勤奮工作的因素減少。

新工黨應當如何處理失業問題(從一定意義上講這是當前最根本的社會難道)?工黨的對策是一項積極的勞動市場政策,外加一項傳統的充分就業目標。這也是工黨對付不均與貧困策略的基本內容。

工黨的宣言說:「對付貧困的最佳途徑是幫助人們找到工作、真正的工作。」這看來也許是工黨的最強項,但我同意一些批評者的看法。他們說,在這方面工黨是站不住腳的。正如美國的實例所表明,使人們就業並不一定就消除了貧困。而且充分就業的涵義與一代人以前相比,也不再相同。工黨的當務之急是應付有關工作前景問題的辯論,並且應當與工會合作的情況下這樣做。在英國,除去18歲以下和65歲以上者,勞動人口中只有能力的人擁有可靠的正式職業——舊式「充分就業」是據此計算的。與此同時,非受雇(nonemployment)(與失業相對)也獲得了豐富的涵義。

這番評論與不平等問題的關係或許比人們想像的要密切。現存的福利制度已經不再能夠應付局面,而且無論如何也必須加以改革,而收入通過所得從富人手中向窮人手中的直接轉移並不是一項可供選擇的辦法。我們應當設法重新分配就業機會,更普遍地說是重新分配工作。政府有能力,而且應當在各

條戰線上為此採取行動。工黨當前的一些有關減少長期失業的政策雖然對工作的再分配作出了貢獻，但是它們只是從一個大得多的櫻桃上咬下的一小口而已。工作的再分配可能會包括：對把聘用和工作崗位的穩定性與範圍較為廣泛的社會需要聯繫起來的公司，給予稅收上的激動；高等教育的進一步發展，從而除去其使人們變得文明的作用之外，還使人們進入勞動市場的時間推進，或者使人們退出這一市場；對許多年齡層的人們提供職業暫停和重返職場的計畫；打破「男人職業」和「婦女職業」之間的劃分鼓勵男人從家庭責任角度，更加充分地界定自己，並使有孩子的婦女保持一份職業更為便利。

工黨提議中的勞動市場改革不會阻止形成一個下層社會的趨勢。但是，如果「中間偏左」中的「左」有任何涵義的話，在這個問題上，工黨必須使其政策舉足輕重，它還應當與新自由主義一刀兩斷。怎麼辦？這裡需要進行大量的思索。看來有確鑿的證據表明，不平等對在全球市場上的經濟成功具有破壞作用。總的來說，越不平等的社會，其繁榮程度（和健康狀況）越差。為什麼不將對貧困的打擊加以改造，使之成為增強總的經濟競爭力的一項戰略？當然，必須面對的根本問題是：能夠為窮人辦什麼事情，而又不對富人的特權施加更強的控制呢？

工黨應當採取什麼樣的道德立場？這尚需更多的考慮。篤信基督教、維持家庭的興旺和狠狠打擊犯罪──這一混合使工黨的許多支持者忐忑不安。實際上，在這些問題上，絕對沒有必要成為柴契爾主義者──採取一項不同的和較為連貫的立場是可能的。

　　工黨的謀士們會說，正是在道德問題上發表強硬的言論，才使他們取得了今天的成就。布萊爾的飛黃騰達是從他說服公眾相信工黨在打擊犯罪問題上不再手軟時開始的。談論教育辨別是非和堅持家庭興旺，這是很受歡迎的做法。現在為什麼要放棄這些事情呢？

　　對它們與其說放棄，不如應當以一種不同的方式來看待，此外還應當使之擺脫專橫的弦外之音。保守黨人同時提倡經濟個人主義和道德上的專制主義，這是企圖把兩件有本質上區別的事物混為一談。布萊爾不應當堅持這種類別錯誤。為什麼要談論所有其他情況下的現代化，而對這種情況卻避而不談？對中間偏左派來說，唯一可行的計畫實際上就是國際性社會計畫，即承認文化上的多樣性是全球化秩序的一個內在的組成部分。不可能有單一的道德，不管將它強加於哪一個團體；對道德問題必須進行公開的辨論，並在此基礎上使之融入到一個法律的持續框架，包括國際怯框架之中。提倡恢復傳統的道德準則，抑或提議恢復傳統家庭，這都是沒有意義的。必須在個人主義和社會義務之間建立新的平衡，這樣說是對的。但是，道德上的專制主義並不是處理這件事的方法。

　　也許，為了擊敗在這一基礎之上制訂了迎合民眾興趣綱領的保守黨，迎合彈丸之地英格蘭的偏見是必要的。一個值得信賴的工黨領導層必須到一定時刻抨擊這些偏見，而不是製造一種沖淡形式的偏見。影響到婚姻、家庭。性生活及個人生活的變遷，像正在其他體系中發生的變革一樣意義深遠。這種變化正在影響了所有工業發達國家。必須制訂一項有效的政策綱

領，以便對它們作出積極的反應。

最後，工黨應當對歐盟採取什麼態度？我只提出一個簡短的結論。作爲一位政治領導人，布萊爾有一個大好時機，可以在歐洲留下自己的足跡——在今後幾年裡，這應當成爲他所關心的主要問題之一。老一代歐洲領導人正在逐漸引退。在新的一代人當中，布萊爾是最令人感興趣和最成功的政治家。然而，爲了使人們感受到他的影響力，布萊爾將需要做的不僅僅是坐在保守黨留下的「空位子」上。對於歐盟，應當把它本身理解爲全球化的產物和對全球化所採取的對策。

從這種視角看問題，英國政權的下放和憲法改革，包括蘇格蘭的地方自治和北愛爾蘭問題，可被視爲一個範圍廣泛的格局中的一部分。全球化的拉力是向上和向外的，但它同時也造成向下的壓力。地方民族主義，更爲普遍地講還有地方自治的要求，是創造超國家機構和聯盟的進程的必要部分。從這種意義上講，輔助性原則主要並不是歐盟的一項「政策」，而是歐盟的存在本身的一個結構性條件。

從一種雙重意義上講，布萊爾現在有機會在歐洲起領導作用。他能夠確保，處於歐洲的核心地位意味著某種真實的東西，他能夠成爲制訂一項有影響的新計畫的帶頭人。中間偏左派能夠致力於形成一項有一定抱負的政治觀點。果真如此，則歷史將會向我們招手。

附錄二
風險社會的政治[*]

紀登斯

　　以下事物有什麼共同點：狂牛症、勞依茲保險集團（Lloyd's）的麻煩、李森（Nick Leason）事件、全球變暖、紅葡萄酒被認爲有益於健康、男人精子數的下降？它們都反映了我們在今天的生活中所經歷著的範圍廣泛的變遷。與這種生活息息相關的是科學與技術對我們日常的活動和物質環境的影響。誠然，現代世界長期以來一直爲科學與技術發現的影響所塑造。然而，隨著創新步伐的加快，新技術越來越多地滲透到我們生活的核心中；我們的情感和經歷也越來越多地受到科學界的注意。

　　現在的情況並沒有導致人世間的確定性或安全的增加——從一些方面講，事情恰恰相反。正如卡爾·巴柏（Karl Popper）

---

[*] 最初發表在珍·法蘭克林（Jane Franklin）編輯的《風險社會的政治》一書中，原題爲〈風險社會：英國政治的背景〉。

特別闡明地，科學並沒有產生證明，它對真理的描述，永遠也只能是近似的。現代科學的創建者們以爲，科學所產生的知識將建立在牢固的基礎上。相反地，巴柏則認爲，科學如同以流沙爲根基。科學進展的第一原則是，就連人們所最珍愛的理論和信念，也總是不斷地被修正。因此，科學是一項具有內在疑問的努力，它涉及一個對人們有關知識的斷言的不斷的修改過程。

科學的可疑和易變性質長期以來一直不爲社會大眾所熟知；這種封閉狀態長期存在，只要科學與技術對日常生活的影響比較有限，情況就是如此。今天，我們大家都與科學創新的這些特性朝夕相處。例如，飲紅葡萄酒對健康的後果一度被研究人員認爲基本上是有害的。最近的研究結果表明，飲少量的紅葡萄酒對健康利大於弊。明天的研究結果將會如何呢？也許會顯示，紅葡萄酒畢竟是有毒的嗎？我們不知道，也無法知道──但是，作爲消費者，我們大家都得以某種方式對科學界的這種論斷和反論斷的複雜和接攏不定的基本狀況作出反應。生活在英國，人們應不應當吃牛肉？誰能說誰呢？健康上的風險看來是很小的。但是，起碼有一種可能，即5年、10年或20年後，在英國人口當中，會爆發與狂牛症有關的疾病。

我們不知道，也無法知道──同樣的道理也適用於多種多樣的新風險。例如，就拿精子數量的每況愈下來說。一些科研結果作出了對男性不育率上升的權威性論斷，認爲其根源在於環境中有毒物質的作用。然而，另外一些科學家則對這一現象的存在與否本身，提出異議，更甭說對爲解釋這一現象而提出

的種種理由了。對全球變暖,這一領域中的多數專家把它當作一種真實情況予以接受。但是,否認全球變暖存在,或者認為它的成因是氣候的長期波動,而不是溫室效應,這樣的專家也大有人在。

勞依茲保險集團看來目前已經從最近幾年它所染上的嚴重的金融麻煩中恢復過來。人們普遍的說法是,這種麻煩與投資者的所謂階級有關——獲得「記名」的人們及其經紀人的沾沾自喜。事實上,麻煩的根源在於風險性質的改變。使勞依茲遭受打擊的情事包括有關石棉有毒性質的發現,以及一系列自然災害——它們可能根本不是「自然的」,而是受到全球氣候變化的影響。世界上每年發生的颱風、颶風等氣候災害在過去15年左右時間裡增多了。由於勞依茲公司在期貨方面投資甚多,所以像其他較小的保險機構一樣,新的科學研究成果或技術的改變所造成的完全未預料到的消極後果,可能會給該公司造成金融上的重創。西蒙・蒙特菲奧(Simon Sebag Montefiore)為尼李森和霸菱銀行(Baring)的冒險活動撰寫了一篇有趣的報導。他說,霸菱銀行所發生的事情(很像勞依茲公司的事件)可以有兩種不同的解釋方法。一方面,有腐朽階級外加腐敗行為的解釋。按照這種看法,霸菱銀行之所以垮台,是因為它的腐朽的上層階級管理層未能適應生機勃勃的全球經濟秩序的要求。

蒙特菲奧對這一解釋提出質疑。他爭論說,在金融體系外部邊緣上,特別是在期貨市場上活動的人們很像領航員。(這些市場很複雜,那裡的人們就價格的變化做成交易,但這種價格變化尚未發生,而且可能永遠都不會發生。)他們出了銀行家和

金融專家的領域，卻沒有繫安全帶。李森飄離得太遠了，完全喪失了任何堅實的基礎，但大多數其他人則能夠與自己的太空艙保持聯繫。

蒙特菲奧用十分生動的詞語來描述這一情況。他說，李森和與他相似的人們「在井然有序的世界的外緣上，在現代科技的蠻荒的最後邊疆中活動。」換言之，他們所參與的系統，就連他們自己也不懂得，因為在新的全球電子經濟中，變遷變得十分突如其來和引人矚目。我認為這種說法是對的，但是這一論點可以進一步地籠統闡述。生活在現代科技蠻荒外緣上的不僅僅是李森這樣的人，不僅僅是新的金融創業者們。我們大家現在全都如此。我願把這當作伍爾利希・貝克(Ulrich Beck)所說的風險社會的定義性特色。在風險社會中，我們日益生活在高科技的邊疆上，沒有人完全了解它，它所可能造成的未來是多種多樣的。

風險社會的起源可以追溯到今天影響著我們生活的兩項根本轉變。兩者都與科學和技術不斷增強的影響有關，儘管它們並非完全為科技影響所決定。第一項轉變可稱為自然界的終結；第二項，傳統的終結。

自然界的終結並不意味著一個自然環境消失了的世界。它的意思是說，在物質世界的各個方面當中，現在未受人類干預影響的即使有，也是寥寥無幾。自然的終結是最近的事情。它是在最近40或50年左右才發生的，主要原因是上面提到的科技變遷的加劇。

當然，它並不是一種其發生日期可以精確地標明的事情。

但是，我們仍然能夠粗略地找到自然的終結所發生的時間。它是在一項過渡出現的時候發生的。這一過渡就是人們不再像往日那樣對自己界憂心忡忡，而是有了一系列新的憂愁。千百年來，人們所擔心的是自然界可能會對我們產生的影響——地震、水災、瘟疫、莊稼歉收等等。在某一時刻，即大約1950年，我們不再那麼擔心自然界可能會給我們帶來的不幸，而是開始擔心我們已經給自然界造成的後果。這一轉變爲人們踏入風險社會帶來了一個重要的起點。這個社會生存在自然的消亡以後。

然而，這個社會還生存在傳統消亡之後。生活在傳統消亡之後，實質上就是生活在人們不再聽天由命的世界上。對許多人來說——這一點仍舊是現代社會中階級差別的根源——生活的各種面向曾經被傳統確立爲命運。女人的命運是在她生命的很大一部分時間裡操持家務，生兒育女和料理家宅。男人的命運是外出工作，一直工作到退休，爾後——往往在退休後不久——基本上結束人生之旅。我們已經不再這樣生活，這一轉變，貝克稱之爲「個人化」。一個生存在自然和傳統消亡後的社會實際上與先前的工業社會形式是截然不同的。而早先的工業社會乃是處於西方文化核心的知識傳統發展的基礎。

要對風險社會的性質進行分析，必須作出一系列的辨別。首先，我們必須把風險危害或危險分辨開。這種風險與危害或危險不一樣。同以前存在的社會秩序形式相比，一個風險社會，其內在的危險性或危害性並不更大。聯繫到這一點，弄清「風險」一詞的來源是有指導意義的。中世紀人生多難，但卻並沒

有風險概念。實際上，在任何傳統文化中，看來都沒有風險觀念。其原因在於，人們把危險當作命中注定。危險要麼來自於上帝，要麼僅僅來源於人們認為是理所當然地存在著的世界。風險理念與實施控制的抱負，特別是與控制未來的觀念密切相關。

這一評語很重要。雖然「風險社會」概念或許使人想到一個危險性增大的世界，但是情況並不一定是這樣。實際上，它是一個越來越一心關注未來(還有安全)的社會；風險觀念由此產生。有趣的是，風險觀念的最初應用者是西方探險家。當時他們在周遊世界的時候冒險進入了新的水域。這一概念從探索地理上的空間，漸漸轉移到對時間的探索上面。這個詞所指的是一個我們既在探索，又在努力規範並加以控制的世界。從本質上講，「風險」一直帶有負面的涵義，因為它指的是避免人們所厭惡的結果的可能性。但是，對它也完全可以從正面的角度，從探取大膽的主動行動，以面對充滿問題的未來這一視角來看待。成功的風險承擔者們，不論是在探險活動，在工商業界，還是在登山運動中，都獲得普遍的欽佩。

我們應當把風險同危險區分開來，但我們還必須把兩種風險區別開來。在工業社會存在的頭兩百年裡，占主導地位的風險可以稱為「外部風險」。腳踏實地地講，外部風險就是發生如下事件的風險：可能會使個人遭到意外的打擊(形象地說，是來自外部的打擊)，但這種打擊在人們中經常發生，司空見慣，因而具有廣泛的可預料性，也就是可以通過保險來防範的。同工業社會的崛起有關的保險有兩種：私人保險公司和公共保

險;後者是福利國家所主要關心的事情。

在1945年以後的時期裡,福利國家成了左派的事業——它主要被看作實現社會公正和收入再分配的一項手段。然而,它最初基本上並非如此。它是作為一個提供生活保障的國家體制,作為防範風險的一條途徑而發展起來的,是適應集體的,而非私人的保險需要應運而生的。像私人保險的早期形式一樣,它是在外部風險的假設基礎上建立的。外部風險是能夠精細地計算的——可以列出保險精算表,並以此為依據,決定如何為人們提供保險。疾病、傷殘、失業等,被福利國家當作「命中注定的事故」(accidents of fate)來對待,為預防他們,應當擬作提供集體保險。

在自然和傳統消亡後生存的世界,其特點是從外部風險向我所說的「人造風險」(manufactured risk)的轉移。人造風險是由人類的發展,特別是由科學與技術的進步所造成的。人造風險所指的是歷史沒有為我們提供前車之鑒的新的風險環境。我們實際上往往並不知道這些風險是什麼,就更甭說從概率表的角度來對他們加以精確計算了。人造風險正在人類生活的大多數方面擴展。它所涉及的科學與技術的一個方面,是工業社會的早期理論家們基本上沒有預見到的。科學與技術所造成的不確定性,與他們所消除的一樣多;這些不確定性也無法通過科學的進一步推進,以任何簡單方式來解決。人為的不確定性直接侵入到個人和社會的生活之中——它並不囿於集體性的風險環境。人們再也不能簡單地依靠傳統來確定,在一系列給定環境中如何行事了。在這樣一個世界上,人們對自己的關係和參

與，必須採取積極和充滿風險的方針、對策。

風險社會的出現帶來了幾項有趣的後果。這些後果應當引起任何人的關注，只要他（她）對在英國和歐洲大陸上展開的有關狂牛症問題的辯論，抑或對我在此次討論開始時所提到的實際上的任何事件感興趣。

隨著人造風險的擴散，或者按照您所喜歡的說法，隨著我們越來越多地生活在一個風險社會中（貝克的用語），風險有了新的加劇。新科技對我們產生著長期的影響，隨之而來的是對人們已經認為理所當然的種種做事方法的幾乎沒完完了的修正。在這樣一種社會秩序下，前途越來越令人勞神費力，但同時也越來越晦澀難解。把握前途的直接線索很少，有的只是多樣化的「未來劇本」（Future Scenarios）。

我們最近度過了車諾比電廠核災難的10周年紀念日。沒有人知道車諾的放射性塵埃所影響到的是幾百人呢，還是比這多得多。長期的影響無論如何也很難測定，因為這種影響如果存在，很可能是多種多樣的。我們正在幾乎不斷地改變環境，改變我們的生活格局。就連許多表面上屬於有益的習慣或創新，也可以能會交錯。其反面道理相同：風險也可能會被高估。以吸煙為例。直到大約1970年為止，醫生們一直鼓勵人們吸煙，認為這是一種放鬆精神的方法。當時，沒有人知道吸煙習慣所造成的是一顆定時炸彈。狂牛症事件則有可能帶來一種相反的結果。事情的結局也許將是，人們並沒有受到影響。新型風險的特點是，就連它們是否存在，也是有爭議的。

在風險社會中，有一種政治的新道德氣氛。其特點是在被

指責爲危害聳聽和被指控掩蓋事情真相之間的拉鋸戰。大量的
政治決策現在都涉及管理風險——這些風險並非起源於政治領
域，但卻必須對其加以政治上的管理。倘若任何人——不論是
政府官員、科學家，還是普通人——對某項風險採取認真態度，
則他（她）必須將其加以公布。必須加以廣泛宣傳，因爲必須說
服人們，使他們相信這一風險是真實的——必須圍繞著它大做
文章。然而，如果真的大做文章，而風險結果卻是微乎其微的，
則參與其中的人們會被指責爲危言聳聽。

　　另一方面，假如當局斷定風險並不是很大，就像英國政府
在狂牛症問題上最初所做的那樣。在這件事情上，政府說：我
們獲得了科學家們的支持，風險並不大，我們可以像從前一樣
接著幹，但事情結果並不是這樣，那麼，他們會被指責爲欲蓋
彌彰。

　　這一點表面看來是矛盾的，但卻有其道理：爲了降低我們
所面臨的風險，危言聳聽可能是必要的，但如果從這種意義上
講，它果真「奏效」，則它在人們眼裡恰恰是這樣——危言聳
聽。愛滋病的情況就是一個實例。假如各國政府和專家大肆公
開渲染與缺乏安全措施的性生活有關的風險，以使人們改變其
性行爲。假設這樣一來，很多人改變其性行爲，結果愛滋病沒
有像人們最初預言的那樣蔓延，則人們的反應很可能將是：你
們爲什麼要把大家嚇成這個樣子？在風險社會中，這種政治困
境是司空見慣的，但卻沒有現成的解決良方。因爲，正如我在
前面提到，就連風險是否存在本身，也很可能是有爭議的。我
們事先無法知道，我們什麼時候真的是危言聳聽，什麼時候並

沒有造成這種後果。

其次，由於前面已經提出的原因，風險社會的出現並不完全是與避免危險有關。風險有其積極的方面。從積極的角度來看，風險社會是一個人們的選擇餘地擴大了的社會。選擇餘地現在顯然是依據階級和收入而不同地分配的。例如，隨著自然和傳統放鬆其控制，一些原本患不育症的婦女能夠花錢，通過採用新的生育技術而生兒育女了。而另外一些女人則沒有能力這樣做。我們知道，在非傳統化的社會背景下，一些婦女在離婚後窮困潦倒，而另外一些女人同過去相比，則過著富裕的生活。科技創新通常使人們的選擇範圍擴大，傳統的消亡與此異曲同工。由於習慣的做事方法變得充滿問題，所以人們必須在從前被認為理所當然的行為規範所指導的種種領域中作出選擇。飲食就是一例：已經不再有什麼傳統食譜了。

對於誰英國和其他地方重新考慮政治議程，風險社會的來臨意義重大。人造風險的出現是以一種新政治為假設前提的，因為它假設價值觀和與追求價值觀相關聯的策略，其發展方向有所改變。不提及一項價值觀，對任何風險，就連加以描述都是不可能的。這種價值觀可能就是保護人的生命，儘管其複雜性通常是較大的。當各種不同類型的風險發生衝突的時候，價值觀和一系列具有直接政治意義的問題也會發生衝突。

所有這些問題對布萊爾的新工黨計畫來說都是十分相干的。布萊爾往往被說成保守派，說他破壞了左翼的價值觀和觀點。我認為，相反地，可以說，積極地努力適應影響地方生活和全球秩序的種種深刻變革的大政治家寥寥無幾，而他卻躋於

其中。從這一意義上講，他的大政方針完全可以說是激進的。
不過，布萊爾當作具有相當重要性的現代化建議，是需要重新
考慮的。

依照布萊爾對現代化一詞的用法，現代化意味著使英國變
得時新。布萊爾一直是工黨中主要的現任化鼓吹者；但更重要
的是，他想要使英國的體制現代化──在英國，現代化的言外
之意是，這個國家在各個重要方面，都落後於其他工業發達社
會。這有點像蒙特菲奧為霸菱銀行的破產所提出的第一項解
釋──體制已經老掉牙，喪失了與現代世界的相關性。

這種認識意義上的現代化計畫是有一定道理的，任何人只
要走進英國議會的上議院，就能夠明白這一點。然而，在風險
社會中，現代化的涵義有所不同。風險社會是這樣一種工業社
會：它與自己的局限性做鬥爭，而這種局限性所採取的形式就
是人造風險。這種意義上的現代化不可能簡單地是「更多的老
套」（more of the same）。

在這裡，我們應當把簡單的和反思性的現代化區分開。簡
單現代化是舊式的、直線發展的現代化；而反思性現代化則與
此形成對照，它意味著適應現代秩序中的極限和矛盾。在與各
種社會運動相聯繫的政治新領域中，這些都是顯而易見的，不
論是在公路抗議活動、動物權利示威，還是在種種食品恐懼中，
都是如此。第二階段現代化──反思性現代化──其面貌與第
一階段現代化是不同的。在這方面，我認為英國的政治辯論有
機會躍進到許多其他歐洲國家前面去。我樂於看到這件事的發
生。反思性現代化，像籠統而言的風險一樣，絕不完全是一種

負面的前景，它所提供的政治參與的許多可能性都具有正面意義。

我們今天同科技的關係，與早期工業社會的特點是不同的。在西方社會裡，有大約兩個世紀，科學都起著一種傳統功能。科學知識本應壓倒傳統，但是實際上，它自身卻變成了一個堂皇的權威。它是大多數人都尊重的東西，但卻存在於人們生活的外部。門外漢總是向專家請教。

科技越是侵入我們的生活，這種外部觀念就越不再成立。我們當中的大多數人，包括政府當局和政治家們，同過去相比，與科技之間都有著。且必須有一種對話性強得多的。或說深入得多的關係。我們不能簡單地「接受」科學家們的研究結果，即使這只是因為科學家們彼此之間經常有分歧，尤其是在人造風險情況中。現在人人都認識到前面說過的科學的這種本質醒的可疑特性。每當某人決定吃什麼，早餐用什麼，是飲用不含咖啡因的飲料還是普遍咖啡的時候，這個人都是在相互矛盾的、容易改變的科技信息背景下作出決策。

這種局面是無法擺脫的——我們大家都身陷其中，即使我們裝作「若無其事」。政治必須賦予這種對話以一定的制度形式，儘管它眼下僅同時特殊利益集團有關，而這些集團大多在主要政治領域之外疲於奔命。我們目前並不擁有使我們得以監視技術變遷的機構或制度。假如當時已經建立了有關技術變遷及其舛誤的公開對話機制，那麼我們本來會有可能防止狂牛症災難。伊諾克‧鮑威爾（Enoch Powell）說，對我們的生活影響最大的，莫過於科技的變遷。他說得對——但是，這種變遷目前

還完全是我們的民主制度鞭長莫及的。接觸科技的公開手段的加強,並不會消除「危言聳聽」和「欲蓋彌彰」之間的兩難困境。但是,這樣做或許會使我們得以減輕其破壞性較強的後果。這些考慮與重新思考福利國家是相關的。福利國家是在這樣一個社會背景下創建的:當時,自然界仍是自然界,傳統也依舊是傳統。譬如,這一點在1945年以後福利國家的性別規章中,就很明顯。這就是簡單地假設「傳統家庭」將繼續存在。這從國民保健制度的成長壯大角度來看,也是顯然的。認制度是作為對被理解為外部風險的疾病的一種對策機制而建立的。

人們如今更加積極地參與保健,參與自己的身體,參與婚姻,參與消除性別歧視,參與工作,在這樣一個世界上——在人造風險的時代中——福利國家無法以1945年以後的解決方案所形成的形成繼續存在。福利國家的危機並不純粹是財政上的,它是一個被新型風險所左右的社會中的一場風險管理危機。

這一論點與階級的劃分是相關。蓋布列思(J. K. Galbraith)所謂的「自滿文化」有點像是一顆流星——自滿文化根本不存在。許多中產階級和職業群體所以選擇不參加公共福利計畫,一個原因與他們對風險管理的看法有關。中產階級擺脫政府福利,他們做得對,因為這種福利是與對風險的一種不同的解釋和不同的情況聯繫在一起的。當人們積極地面對人生的時候,他們對風險管理的態度也必須積極起來。因此毫不奇怪,那些有足夠的錢選擇不參加現有福利制度的人們往往這樣做。

政治辯論需要大大增強其對生態問題辯論的重視。後者與

人造風險的進展關係密切。生態問題恰恰反映了一個生存在自然和傳統消亡後的世界。現在的生活方式政治爭論的許多形式，其發展的情況在較早類型的工業社會中是沒有先例的。一些時候以前，抗議者們因為肉用小牛在被限制的和人造條件下被過往歐洲大陸而大鬧一場、批評他們的人說，他們是多情善感了。但是，鑒於瘋牛病的風波，人人都能認識到，這並非僅僅是情感。這些抗議活動反映了一種潛在的意識，即當食物的工業生產遠遠脫離自然界——抑或過去的自然界——的時候，就會發生什麼事情。從某種意義上講，在道義上獻身於維護動物的權利，這是一種獨具特色的政治。畢竟，即使只從狹隘的經濟角度衡量，狂牛症危機也是一場災難。估計它給英國經濟所造成的損失為60億英鎊，也許比這還要大。

風險社會與後現代主義並不是一回事。後現代派的解釋認為政治已經是窮途末路——隨著現代社會的逝去，政治權力喪失了重要性。但是，人造風險到來了，而現代社會並沒有消逝；依然存在的現代化獲得了新的涵義和細節。反思性現代化假設了，並且產生了一種政治。這種政治不能完全在議會範圍之外展開。社會運動和特殊利益集團不能提供議會政治所提供的東西——使不同利益相互調和，以及兼雇不同風險的途徑。我所討論過的這些問題有必要更加直接地在政治舞台上展示。一個黨若解決它們的措施有效，則其在今後幾年展開的政治較量中，將占據十分有利的地位。

附錄三
超越混亂和教條[*]

索羅斯，這個使英格蘭銀行屈服的男子，與安東尼·
紀登斯談論建立一個全球政治機構來管制世界經濟的
必要性問題。

安東尼·紀登斯(以下簡稱紀)：我想我們最好是從討論「反思
性」(reflexivity)思想的來源，以及我們用這個詞所指的是
不是同一件事說起。我用它所指的是，人們有關社會領域，
有關自己，自己的前途，以及自己的生活條件的意見並不
僅僅是涉及一個獨立存在著的「給定」(given)世界的意
見——我們不斷地涉足他們所描述的世界。他們從而改變
著這個世界——有時這種改變十分引人矚目。

喬治·索羅斯(以下稱索)：我同意這個觀點，在我看來，反思
性是在我們的思維和世界上所發生的事情之間的一種雙向

＊ 原載於《新政治家》1997年10月31日第1期。

聯繫。這種雙向聯繫在自然界中是沒有的。它只發生在人類社會中。在這個社會中，我們依據自己對世界的看法行事，我們的行動決定著結果，從而締造現實世界。

紀：從這一意義上講，一切人類生活都具有反思性。但是在我看來，反思性還具有一個歷史因素：現代社會的特色就是反思性的不斷增強。主要原因是，我們的生活受制於傳統和自然的固定性質的程度越來越低。在社會生活的許多領域，對從前被認為「既定」（given)的事情，現在必須作出決策——而且我們在決策時認識到，這些決策將對其他人的決策產生影響。這就是期貨市場的實質：這種市場是風險的一種不斷的反應，風險的重疊和再重疊。

這也適用於價值觀。認為我們的價值觀與世界不斷增強的反思性無關，這種說法是不真實的——價值觀直接參與其中，因為在我們生活的世界上，我們必須決定堅持什麼價值觀，不僅是作為個人，而且在民主制度下作為集體這樣做——其基本方式是通過反思性對話。在傳統色彩較濃的文化中，這些價值觀則是既定的。

索：但是，你能容忍這種反思性嗎？我完全贊成追求知識，甚至不是知識，而是了解，但我擔心，我們能否容忍這種知識，社會能否在沒有是非感的情況下生存。這種是非感是很平常的，有了它，人們才能達成共識。也許，我們應當從反思性後退一步，因為在我腦中，反思性與人們的易錯性關係密切。這就是說，我們對世界的觀察具有內在的不足，它與世界並不是對的的，因為我們身在這個世界中，

而身在其中使我們不可能了解它的真實情況。因此,現實是存在的,但我們不可能全面地知道它。它的一些成份我們是能夠知道的,但我們不能全知,因為其中的一些東西取決於我們的思維。人的易錯性和世界的反思性是相輔相成的,因為如果你能夠以知識作為決策的依據,則反思性就不會存在。

我所採用的易錯性概念分為兩個。籠統的概念是,我們對社會和人的現象的看法同實際發生的現象之間,是有差異的。具體的觀念是,我們的所有概念——我們對世界的想法和我們的體制都包括在內——都是有缺陷的。它們被扭曲、認知錯誤,或者不夠充分,沒有包括事物的所有方面;抑或,它們起碼是在某一時刻夠用,但卻不會繼續夠用,因為它們與反思性有關——隨著時間的推移,反思性將使它們捉襟見肘。它們受時間約束。

這引導我們採取一種批判的思維方式:如果你承認人的易錯性,那麼你就必須對所有的說法批判態度,必須對它們的真偽性提出質疑,問一問它們是否適用,在什麼條件下適用,必須尋找缺陷。這在金融市場上是很靈驗的,因為它引導你去尋找缺陷,它使你得以調整你在市場上的位置。

紀:當人們擁有大量資訊的時候,他們便習慣於以嚴格的批判態度來評估和研究這些資訊,因為沒有任何別的生存方式。問題在於,這一態度能夠採取到什麼程度?因為如果你汲取醫學資訊——我們應當吃天然奶油還是人造奶油,應當服用這種藥片還是那種藥片,是應當飲用紅葡萄酒,

每天飲兩杯，還是應當滴酒不沾──你就無法對所有這一切以一種批判的態度保持始終如一的、連續的參與。你必須具備一種生活的格局或習慣。大多數人的做法是維持一種批判性參與的籠統態度，但將其放在一旁，繼續照常生活。從某種角度來看，這正是我們在廣泛的社會中所必須採取的做法。

索：我們無法真的採取一種完全開放的生活方式，你能夠認識到……

紀：……採取這種方式將意味著混亂，難道不是嗎，說實在的？

索：是的，這是走極端。因此，你需要對它加以約束，採取一定的紀律、一定的價值觀，以便在這個潛在的混亂世界上為你導航。可能性的範圍要廣泛得多，如果現實不是給定的，而是人們自己創造的部分成果的話。在這個非常開放的世界上，許多人把自己封閉在自己的小天地裡，遠遠地與世界分離。因此，這引導我認識到，這個開放的社會是一種不穩定的狀況，它受到來自兩方面的威脅。一方是強加於它的教條、基本教義派……

紀：……另一方面是混亂。

索：另一方面是混亂。

紀：在我看來，我們大家的生活現在都是這樣，遭受夾擊，進退維谷。

索：是的，正如我所說，問題在於我們能否容忍這種反思性知識，因為當你擁有這些知識，而市場上的所有別人也擁有這些知識的時候，市場變得具有內在的不穩定性，沒有任

何東西制約著它。市場變化方式出人意料,令人猝不及防,而且混亂不堪。我擔心,主流觀點,即認為應當把市場機制擴展到所有領域中去,還有使社會毀滅的可能性。除非我們重新審視我們的市場概念、我們對市場的認識,否則市場將會崩潰,因為我們是在不了解其真實性質的情況下創造全球市場、全球金融市場。我們有這種錯誤的理論,即只要對場放任自由,它就會趨於均衡。值得慶幸的是,人們在實踐中並不相信這一點——我是說,一些金融當局明白,市場並不是穩定的,他們努力通過採取控制措施來維護穩定。例如,各國中央銀行之間有一定程度的合作。但我要說,三大中央銀行是在意識形態有一定差異的情況下運作。美國人對反思性和市場動蕩不定的本性心如明鏡——艾倫·葛林斯班、勞倫斯·薩默斯和羅伯特·魯賓——對這些人我是信任的,若論對市場的理解,則非他們莫數。另一方面,在日本,卻有一批人認為,他們能夠操縱市場,以實現社會和經濟目標。他們會栽大跟頭。他們已經陷入危機。他們知道,是操縱使他們陷入危機,但他們想通過操縱擺脫危機。他們事必躬親,過分地相信自己控制市場的能力。

德國人則恰恰相反,他們的錯誤是走另一個極端,即完全不干預:他們有一項絕對的價值觀,惟此為大,就是保持幣值穩定。這樣一來,就有了一個不穩定的體系,世界上的3種主要貨幣相互間的比價不斷地浮動,總是找不到平衡點。例如,日圓一度從72兌1美元下跌到127兌1美元,跌幅

超過50％。這是一場劇烈的動盪。與此同時，日本的金融結構幾乎徹底毀滅。因此，市場與實現均衡相距甚遠。現在，行情的動盪並不一定會造成崩潰，即系統的解體；這些浮動在系統內部發生。這個系統內部並沒有任何實現均衡的趨勢，但是，這個系統仍然倖存。

紀：噢，到目前為止是倖存了。

索：是在受到干預之後才倖存下來的：當局進行了救援。這場動盪使一些人成為贏家，卻使另一些人成為輸家；有人撈到好處，有人卻吃了虧。如果浮動變得太大，人們可能會選擇退出這個系統，抑或喪失履行自己義務的能力。這樣一來，就可能發生崩潰。崩潰將表現為政治的，最終還有軍事的事件，而不僅僅限於金融市場上的事件……

紀：我們能不能稍多地談談市場經濟的政治和經濟上的局限性？戰後政治和經濟制度的演變有兩個主要階段。其一是一直延續到1970年代末的對福利國家的共識，它主要是建立在管理得當的國家經濟體基礎上，我認為也是建立在相當穩定的生活方式基礎上。凱恩斯主義是福利國家擴張的主要經濟理論。隨後而來的是一個全球化加劇的階段，伴隨這一階段的是柴契爾主義或新自由主義的崛起。由於它對市場的極端重視，它受到了上述所有問題的影響。問題是，在它之後將出現什麼？我們正在為這樣一個社會尋找一種理論：它是一個全球化社會，市場力量在其中十分重要，但它也能同社會凝聚力和一定的社會公平，以及一個開放的世界共同體相和解。

索：迄今為止，新自由主義理論仍占主導地位。但願它的缺陷
　　將在它實際造成某種崩潰之前為人們所認識。

紀：我們或許可以用什麼來替代它呢？

索：我正在考慮這個問題。全球範圍的競爭，其結果是在犧牲
　　勞工利益情況下使資本受益，在損害固定投資情況下給金
　　融資本帶來好處。因為資本流動性高於勞工，金融資本又
　　是流動性最強的，比直接投資流動性還要強。

紀：正是這一點毀掉了圍繞著福利國家的舊的共識，因為這種
　　真誠是建立在勞資平衡基礎上的。

索：對。這毀掉了福利國家的基礎，因為對資本徵稅不容易，
　　賦稅增加後，資本就會到別處去。因此，高稅率國家嘗到
　　了苦頭，因為資本外流。這是當前擺在歐洲大陸面前的危
　　機，也是柴契爾夫人拯救英國，使之擺脫了的危機。我厭
　　惡這樣說，因為我並不是她的狂熱擁護者，但她對市場篤
　　信不疑，廢除了許多保護主義措施，即一度存在的社會保
　　護，從而吸引資本流入英國。英國經濟之所以重振，是因
　　為日本和其他外國資本的流入，它們利用英國作為進入歐
　　洲的大門。

紀：你難道不認為，英國經濟的復興付出了巨大的社會代價嗎？

索：啊，是的。伴隨著財富而來的是社會差別的拉大，多數人
　　並沒有從全球經濟中受益，儘管以國家而言，以世界而言，
　　我們大家都變富了——未來於科技進步等等的收益也是巨
　　大的。因此，有很多好事在發生，但也有許多壞事。我們
　　必須對處理些壞事，否則人們就會選擇退出。目前我們並

沒有瀕臨一場革命，唯一的例外也許是法國。

紀：我認為沒有──要發生一場革命，必須有一項替代選擇。

索：是的，現在沒有了社會主義，社會主義消亡了。因此，替代選擇將是民族主義。它是清晰可見的。經濟這部機器是一部全球機器。資本能夠在國際上轉移。如果你實行一定程度的社會保障，你會使自己因要價過高而無法躋身全球市場，資本就不會來了。法國有人提出了一種替代選擇，某種形式的基本教義思想。大多數人認識到它是不可行的，選擇退出會使你自己受到更大得多的傷害。而單純建立在法國國家基礎上的保護主義也是不可能的，因為法國作為一個國家經濟體已經喪失活力。歐洲範圍內的保護主義、建設一個堡壘式的歐洲倒是可以設想的。但我認為這並不合乎實際。

紀：我認為這連可能性都沒有。

索：我也這樣認為，因為英國和與它所見略同的國家絕不會參與這麼搞。任何選擇退出全球體系的企圖都有使無法遏制的破壞性力量釋放出來的危險。因此，沒有富於建設性的逃避辦法。惟一途徑是通過國際合作手段努力糾正這種不平等，例如通過協調稅收：在德國，人們感到沒有義務要把自己的積蓄存在國內，因此，他們把錢匯往盧森堡，因為那裡不實行代扣所得稅。最終在歐洲範圍內，將必須建立稅收的協調，在盧森堡也徵收這種稅。但這仍是空想，因為就連在歐洲範圍內都沒有實現這種和諧，在世界範圍內怎麼能夠辦到呢？但是，如有絕對必要，這是能辦到的。

我們最終將必須實行對市場的國際管制。取消某些種類的衍生金融商品的選擇權可能對我們將是有益的,因為它們破壞穩定。因此,如果我們尋求新的積極做法,它必須是觀念上的轉變,接受反思性,認識到保持市場穩定的必要性,實行一定程度的管制和監督,並尋求一種政治上的延伸來與市場的延伸相匹配──某種國際政治合作來與市場的全球化相匹配。因為缺乏的是社會對市場加以約束的能力。問題在於,這種不平等只能在國家範圍內糾正,而經濟則呈一種全球形式。使經濟全球化的不是貿易,而是資本的轉移。因此,到一定時候,對資本的累積必須加以徵用,以提供社會保險的基礎。但這件事推行起來很艱難。

附錄四
風險、恐懼、惡夢[*]

紀登斯

考慮下面的注意事項清單。不斷地監控你所飲用的水質：不管是什麼來源的水，都可能被污染；不要以為瓶裝水是安全的，特別是如果水是用塑膠瓶包裝；在家裡將水蒸餾淨化，因為自來水大多都污染。吃的東西要小心謹慎。不要吃魚，因為魚是一大污染源，也不要吃動物脂肪，不管是乳酪中、奶油中、還是肉類中的脂肪；要麼購買用有機肥料種植的水果和蔬菜，要麼自己培育；把塑膠與食品的接觸減少到最低限度。母親們應當考慮避免用母乳餵養孩子，因為這樣會使嬰兒接觸大量污染物。每天都要經常地洗手：污染物總是蒸發並附著在室內的任何表層上，人手觸摸就沾上。在住宅周圍或花園裡，不要使用殺蟲劑——不要到使用它們的人家裡去，在弄清一家商店或

超級市場是否向貨品上噴洒殺蟲劑（這是普遍做法）之前，不要在那裡購物。要遠離高爾夫球場，因爲那裡污染嚴重，甚至比農田上還要嚴重。

這是一場核子戰爭結束後有關如何生存的忠告嗎？要是有人這樣想，也是情有可原的。但是，有關種種規則的這份嚇人的清單，卻是來自於西奧・柯爾朋（Theo Colborn）及其同事們所著的新書。該書考察了有毒化工品對人體所造成的損害。如果她說得對，則一場全球浩劫可能正等著我們。不僅一個個完整的動物種群由於喪失繁殖能力而被消滅：在人類中間，種種令人不安的生物學缺陷也已經可以察覺，其破壞性在近期內很可能會加劇。

西奧・柯爾朋是一位野生生物學家。她搜集了有關種種不同動物物種內分泌中斷的各種研究結果，編撰成書。她的合著者之一是動物學家；另外一位是新聞工作者，因爲此書旨在使廣大讀者警惕新的一系列風險。爲它作序的是（美國前副總統）高爾（Al Gore）。高爾在序言中把這部著作與環保運動的經典著作──大約1970年出版的拉斐爾・卡森（Rachel Carson）《寂靜的春天》（*The Silent Spring*）──相提並論。卡森分析了化工產品用途的擴散所造成的毒害後果，闡明這些有毒物質如何在土壤及動物及人的體內積聚。《失竊的未來》（*Our Stolen Futare*）繼續了卡森未盡的課題，援引了從那時以來所積攢的大量科學證據。

正如她的大作的副題《一個科學偵探故事》（*A Scientific Detedive Story*）所明確顯示，柯爾朋把自己的這部著作視爲追曻

有關一個令人迷惑的和捉摸不定的威脅的各種線索。她的追蹤從鳥類、水獺和魚類開始。近年來，進行野外考察的專家們提出了一些奇怪的發現。佛羅里達鷹（Florida eagles）基本上已經沒有繁殖能力；在英國的水獺曾經大量出沒的地區，它們已經沒了影響；生活在安大略湖周圍的銀鷗（herring gulls）不斷孵出嚴重畸形的幼雛。來自世界各地的其他野生動物報告涉及許多物種，它們紛紛透露出一個個動物種群的突然消失、生殖能力的被嚴重破壞、生殖器官的受損，以及其他不明不白的身體反常現象。

而我們人類自身又如何呢？在這方面，柯爾朋繼續了丹麥人尼爾斯·斯卡克拜克（Niels Skakkebadk）的著名研究。斯卡克拜克是最先對睪丸癌患病率和精子數量減少之間的可能聯繫進行研究的人之一。他和他的同事們投保了來源於全世界60多項研究的資料。他們發現，從1938年到1990年，精子平均數幾乎下降了一半，與此同時，睪丸癌的患病率卻陡然上升。調研結果還表明，在青少年男子當中，其他陽具異常現象也在大幅增加。

柯爾朋說，共同的特點是破壞激素的化學物在環境中無所不在的影響。迄今為止，人們的絕大部分注意力都集中在DDT、多氯聯苯（pdychlorinated biphenyls）及戴奧辛（dioxin）的有毒效應上。然而，據柯爾朋說，有50多種商業上生產的合成化學品被認為以某種方式破壞內分泌系統。它們之所以與天然雌激素不同，是因為它們在人體積聚，並從父母身上傳給孩子。它們常見於塑膠、洗潔劑、噴霧劑和去污劑中。

　　合成化學物雖然很普遍，但基本上卻是最近才有的。二次大戰期間開發的新科學導致了它們的生產和使用方面的急劇發展。現在市場上有10萬種以上的合成化學品，每年都有新的1000種上市。人們對它們的可能效應知之甚少，就連上市之前對其進行試驗的實驗室，對其了解也不多。殺蟲劑是一個非常重要的類別，因爲它們是被故意撒在環境之中的，爲的就是產生生物學作用。其中許多所含有的化合物被認爲對內分泌腺有破壞作用。每年僅在美國，就有50億磅殺蟲劑被噴灑——不僅噴灑在農村，而且灑在學校、商用設施和住宅裡。

　　雖然它們的影響是災難性的，但是柯爾朋所得出的結論卻不可避免地具有初步性。我們並不確切地知道，污染效應有多嚴重，而且也沒有對照組可供參考，這恰恰因爲合成化合物的普遍性。研究人員在北極圈內伊努伊特人（Inuit, 爲愛斯基摩人之自稱）的邊遠村莊裡尋找對照組：但就連在那裡，他們也發現了嚴重的污染。

　　柯爾朋說，關心保護動物和人類健康的人們，將不得不以不完整的資訊爲依據，通過摧毀人類的生育能力，合成化學品可能正威脅著人類的生存。柯爾朋指出，雖然這種結局出現的可能性極小，但是我們應當認識到，我們的處境如何在盲飛行（flying blind）。在本世紀中，科學與技術對我們的生活，對動物界和物質環境的滲透程度，都是空前的。「這些變遷形成了一項全球範圍的大實驗——人類和地球上的所有生物都成了不明真相的實驗對象……我們以令人暈眩的速度設計出新技術，並在全世界以空前的規模採用它們，卻未能弄清它們對全球系統

或對我們可能產生的影響。」

據柯爾朋說，不管採取什麼對策，第一步都必須是逐步禁止破壞激素的化學物。對殺蟲劑的使用，必須徹底限制。我們還必須採取行動，限制新的合成化合物的繼續推廣；實際上，我們應當考慮全面禁止製造和釋放合成化學品。美國國家科學院建立了一個專家委員會，以對這些危害進行評估。柯爾朋和一批對此關心的其他科學家發表了一項「共識聲明」(consensus statement)，就有可以改善風險評估和著手限制對環境的「化學品攻擊」(chemical assault)的各項政策，提出具體的建議。

我們對所有這一切應當怎麼看？柯爾朋的工作體現了我們大家在世界上所面臨的一些嚴重困境。這個世界充滿了發生機率低而後果嚴重的風險。我們所面對的最令人不安的威脅是種種「人造風險」，它們來源於科學與技術的未受限制的推進。科學理應使世界的可預測性增強。它往往正是如此。但與此同時，科學也造成新的不確定性——其中許多具有全球性。對這些捉摸不定的因素，我們基本上無法用以往的經驗來消除。

人造風險是科學與技術的衝擊所致。但是，這兩者對我們分析和應付這種衝擊的任何努力來說，也是必要的。我們不能像一些「新時代」(New Age)預言家們所做的那樣，簡單地「與科學反目成仇」(turn against science)——我們所面臨的新風險當中，有許多在沒有科學分析工具情況下，是無法察覺的。但是，對風險的評估不能簡單地交給科學家去完成。所有形式的風險估算和應對策略，都暗示著對價值觀和所中意的生活方式的考慮。它們還與權力和既專利益體系關係密切。合成化學物的生

產和銷售關係到巨大的經濟利益。化學工業看來正在斥巨資對抗《失竊的未來》一書的結論──認爲精子數目每況愈下的研究結論已經受到化學工業界所資助的研究的質疑。

　　風險的新動向的一個特點是，事實通常是有疑問的，專家們的看法有分歧。這無疑部分的是因爲既得利益者們的抵制，但它也是人造風險的新奇性質的結果。對柯爾朋的擔憂不以爲然的人之一，就是柏克來大學生物化學教授布魯斯·阿米斯（Bruce Ames）：他以不容置疑的口吻說，合成激素的效應，與天然發生的相比，是微乎其微的，即使人造化合物的蹤跡在人體內存留時間較長。柯爾朋和阿米斯兩位都是有名望的科學家。

　　人造風險的普遍化造成這樣一種新的道德氣氛：決策工作所受到的困擾一方面來自於對「危言聳聽」的指控，另一方面又來自對「欲蓋彌彰」的指責。《失竊的未來》一書就是一個很好的實例。柯爾朋所搜集的科學證據，正如她自己所強調，是片面和不完整的。批評者會說，而且已經說：你的研究結果這樣不完善，就不要嚇唬公眾了。她答道：我們必須嚇人們一下，因爲不這樣就不會採取任何措施，而且還因爲，人命關天，防患未然總比事後遺憾要好。

　　依我之見，依靠現有的方法，擺脫這一困境絕非易事。環保主義者可能會指出「預防原則」（procautionary prinicple），以此作爲戰略依據。這意思是說，在考慮技術創新的時候，對危險寧肯信其有，不可信其無，並要把舉證責任放在生產者，而不是受害人身上。然而，在大多數人造風險案件中，預防原則

無濟於事。因爲,像在破壞激素分泌的化學性問題上那樣,損害──如果的確有的話──已經造成。再說,對長期影響的測試是不可能的,在單獨狀態下試驗的物品與其他物質放在一起就可能變成有毒的了。

政府、管制機構和民間團體在應付風險的時候如同走鋼絲。「危言聳聽」往往是必要的,但這樣做也趨於削弱其自身的信譽。另一方面,如果不願製造恐慌,或者向既得利益的影響力屈服,則必然招致「欲蓋彌彰」的罵名。

在許多情況下,普通人不能,也不願等待管制機構就風險的程度和類型問題來拿定主意。在日常生活層面,我們都必須自己作出評估。在這樣做時,我們必須對付科學知識的變化和爭議特性,還必須應付伴隨新風險的發現而來的媒體炒作──任務是艱巨的。真的有人會採納我在前面提到的一整套預防措施嗎?願意或可能會這樣做的人肯定寥寥無幾。此外,來源於破壞激素分泌的化學物的風險,僅僅是需要考慮和斟酌的許多風險當中的一種。據營養學家說,多吃魚會減輕患心臟病的風險,但因爲污染的普遍存在,柯爾朋則建議人們不吃魚。而什麼措施都不採取──對事情放任自流──也不是辦法。我們的社會,不論對其是褒還是貶,終究是徹底改造了自然環境。在這個社會中,我們再也不能「讓自然來決定」(let nature decide)了。

現代名著譯叢
現代性：紀登斯訪談錄

2002年4月初版　　　　　　　　　　　　　　定價：新臺幣280元
有著作權‧翻印必究
Printed in Taiwan.

著　　者	Anthony Giddens
	Christipher Pierson
譯　　者	尹　　宏　　毅
發 行 人	劉　　國　　瑞

出 版 者	聯 經 出 版 事 業 公 司	責任編輯	張　　怡　　菁
臺 北 市	忠 孝 東 路 四 段 5 5 5 號	校　　對	許　　琇　　媛
台 北 發 行 所 地 址	台北縣汐止市大同路一段367號	校　　訂	陳　　銘　　顯
電　　話	（0 2）2 6 4 1 8 6 6 1	封面設計	沛 綠 地 設 計
台 北 忠 孝 門 市 地 址	台北市忠孝東路四段561號1-2樓		有 限 公 司
電　　話	（0 2）2 7 6 8 3 7 0 8		
台 北 新 生 門 市 地 址	台 北 市 新 生 南 路 三 段 9 4 號		
電　　話	（0 2）2 3 6 2 0 3 0 8		
台 中 門 市 地 址	台 中 市 健 行 路 3 2 1 號 B 1		
台 中 分 公 司 電 話	（0 4）2 2 3 1 2 0 2 3		
高 雄 辦 事 處 地 址	高 雄 市 成 功 一 路 3 6 3 號 B 1		
電　　話	（0 7）2 4 1 2 8 0 2		
郵 政 劃 撥 帳 戶	第 0 1 0 0 5 5 9 - 3 號		
郵 撥 電 話	2 6 4 1 8 6 6 2		
印 刷 者	雷 射 彩 色 印 刷 公 司		

行政院新聞局出版事業登記證局版臺業字第0130號

本書如有缺頁，破損，倒裝請寄回發行所更換。　　ISBN　957-08-2420-4（平裝）
聯經網址 http://www.udngroup.com.tw/linkingp
　　信箱 e-mail:linkingp@ms9.hinet.net

現代名著譯叢

●本書目定價若有調整，以再版新書版權頁上之定價爲準●

極權主義	蔡英文譯	250
法律的理念	張茂柏譯	250
自然法——法律哲學導論	李日章譯	150
人文科學的邏輯	關子尹譯	180
論康德與黑格爾	關子尹譯	180
六大觀念：真、善、美、自由、平等、正義	蔡坤鴻譯	250
康德〔純粹理性批判〕導讀	李明輝譯	180
黑格爾與現代社會	徐文瑞譯	250
論小說與小說家	瞿世鏡譯	200
倫理學原理	蔡坤鴻譯	250
托馬斯・摩爾	梁懷德譯	280
制憲風雲——美國立憲奇蹟	孫北堂譯	300
法國1968：終結的開始	趙剛譯註	200
西方政治傳統：近代自由主義之發展	李豐斌譯	250
論民主	李柏光、 林猛譯	280
後現代性的起源	王晶譯	200
共同體的基礎理論	于嘉雲譯	180
倫理與經濟	劉楚俊譯	180
宇宙與歷史	楊儒賓譯	200
超越左派右派：激進政治的未來	李惠斌、 楊雪冬譯	300
星空中的普魯斯特	廖月娟譯	280
馬丹・蓋赫返鄉記	江政寬譯	200
重返政治	孫善豪譯	350
國族主義	李金梅譯	180
金錢　性別　現代生活風格	顧仁明譯	280
陌生的多樣性：歧異時代的憲政主義	黃俊龍譯	350

全球視野系列

●本書目定價若有調整，以再版新書版權頁上之定價為準●

(1)無國界的世界	黃柏棋譯	200
(2)日本改造計畫	陳世昌譯	250
(3)投入國際金融世界	蔡慧玲、江東峰譯	200
(4)全球族	賈士蘅譯	250
(5)兩種資本主義之戰	莊武英譯	200
(6)亞洲新世紀發展構圖	黃綵璋譯	280
(7)地球祖國	馬勝利譯	200
(8)贏得全世界	沈中華等譯	250
(9)文明衝突與世界秩序的重建	黃裕美譯	380
(10)全球資本主義危機	聯合報編譯組譯	280
(11)錯誤的決策思考	鄭明萱譯	250
(12)第三條路：社會民主的更新	鄭戈譯	200
(13)未來十年好光景	余友梅等譯	250
(14)人類演化的未來	王晶譯	280
(15)聖嬰與文明興衰	董更生譯	280
(16)櫻花之春：日本的新未來	孫蓉萍譯	250
(17)新君王論	李振昌譯	250
(18)中美交鋒	聯合報編譯組譯	280
(19)二十世紀之旅	董更生譯	350
(20)四倍數：資源使用減半，人民福祉加倍	吳信如譯	380
(21)了解全球化：凌志汽車與橄欖樹	蔡繼光等譯	380
(22)未來市場九大震撼：震撼未來金融市場的九種經濟與社會變動及其因應對策	劉復苓譯	350
(23)老年潮	王晶譯	280
(24)咖啡萬歲	韓懷宗譯	380
(25)蝴蝶效應經濟學	李華夏譯	280
(26)迎接WTO時代	華英惠著	220
(27)虛擬國家：新世紀的財富與權力	李振昌譯	280
(28)知識的戰爭	吳書榆譯	280
(29)生物科技大商機	嚴麗娟譯	280
(30)中國區域經濟發展	耿慶武著	550
(31)開放社會：全球資本主義大革新	柯雷校譯	350

企業名著

●本書目定價若有調整，以再版新書版權頁上之定價爲準●

(2)非理性的時代　　　　　　　　　吳美真譯　　　180
(3)推銷高手講座　　　　　　　　　官如玉譯　　　180
(5)決策陷阱　　　　　　　　　　　張城生譯　　　180
(6)經濟學家眼中的世界　　　　　　薛光濤、李華夏譯　280
(7)企業聯盟新戰略　　　　　　　　梁炳球譯　　　150
(8)矽谷女傑　　　　　　　　　　　王家英譯　　　200
(9)揭開哈佛商學院的奧祕　　　　　張瓊玉譯　　　250
(10)豐田式品管　　　　　　　　　陳耀茂譯　　　200
(11)品管大師戴明博士　　　　　　汪　益譯　　　250
(12)愛心與管理　　　　　　　　　胡家華譯　　　180
(13)日本的產業策略　　　　　　　劉仁傑著　　　250
(14)更上一層樓　　　　　　　　　梁炳球譯　　　120
(15)如何增進銷售技巧　　　　　　樂以媛譯　　　170
(16)直效行銷術　　　　　　　　　梁英斌譯　　　280
(17)強勢推銷術　　　　　　　　　何灣嵐、張城生譯　180
(18)領導與整合　　　　　　　　　羅耀宗譯　　　180
(19)經營之奧秘　　　　　　　　　吳樹文譯　　　180
(20)顧客至上　　　　　　　　　　彭淮棟譯　　　150
(21)日本企業革新與廿一世紀戰略　吳永寬等譯　　230
(22)日本企業的兩岸投資策略　　　劉仁傑著　　　250
(23)吸引顧客的店　　　　　　　　雷吉甫譯　　　250
(24)吸引女性顧客的店　　　　　　葉珠娟譯　　　180
(25)旁觀者：杜拉克回憶錄　　　　廖月娟譯　　　380
(26)哈佛商學院親歷記　　　　　　唐慶華譯　　　200
(27)商業流程的再造　　　　　　　雷吉甫譯　　　160
(28)生活的經濟學　　　　　　　　蓋瑞・貝克著　360
(29)非常訊號：如何做好企業績效評估　勤業管理顧問公　280
　　　　　　　　　　　　　　　　司譯
(30)不確定年代的專案管理　　　　信懷南著　　　280
(31)如何利用Internet行銷　　　　張文慧著　　　200
(32)變動法則　　　　　　　　　　樂為良譯　　　160
(33)創意合作　　　　　　　　　　黃裕美譯　　　270
(34)超越競爭　　　　　　　　　　陳綉玲譯　　　290
(35)NPS新生產技術的魅力　　　　許文治著　　　280
(36)專案管理　　　　　　　　　　王慶富著　　　280
(37)國家創新系統與競爭力　　　　徐作聖著　　　280
(38)公司併購教戰守則　　　　　　林進富著　　　250
(39)總經理的新衣　　　　　　　　葉匡時著　　　220

(40)總經理的內衣   葉匡時著   250

(41)柔性行銷：由內而外的經營管理藝術   徐木蘭著   180

(42)資訊時代的商業謬論   石俊峰著   170

(43)辦公室管理   中華民國專業秘   180
書協會編著

(44)跨世紀台灣企業風暴   戴安・英曼著   250

(45)推銷員成交策略   李振昌譯   350

(46)經營的實學：會計與經營   林振輝譯   220

(47)MBA完全攻略：MIT、哈佛學生的實   方英 等著   220
戰經驗

(48)WOW：台灣企業成為世界贏家之道   戴安・英曼著   220

(49)企業核心競爭力   戴安・英曼著   220

(50)聰明老闆，教一招吧   行政院青輔會   180
經濟日報企畫

(51)知識管理：策略與實務   伍忠賢、   380
王建彬著

(52)組織學習能力   劉復苓譯   250

(53)未來焦點：21家明星企業的制勝策略   劉復苓譯   380

(54)50位頂尖CEO的領袖特質   鄒應瑗譯   380